CONFESIONES DESDE EL EXILIO:

EPN

MARIO MALDONADO

CONFESIONES DESDE EL EXILIO: EPN

Los secretos y escándalos del último gobierno del PRI

Planeta

Fotografía de portada: Procesofoto / Miguel Dimayuga. Esta mañana Andrés Manuel López Obrador tomó protesta como presidente de México y recibió la banda presidencial de manos de su antecesor, Enrique Peña Nieto, en sesión solemne en el Palacio Legislativo de San Lázaro, en la Ciudad de México. Al acto, además de mandatarios, primeros ministros y vicepresidentes de varios países, asistieron, entre otros, Ivanka Trump, hija del presidente de Estados Unidos y el cantante Silvio Rodríguez.

Diseño de portada: Planeta Arte & Diseño
Fotografía del autor: Cortesía del autor
Diseño de interiores: Moisés Arroyo

Bajo el sello editorial PLANETA M.R.
Avenida Presidente Masarik núm. 111,
Piso 2, Polanco V Sección, Miguel Hidalgo
C.P. 11560, Ciudad de México
www.planetadelibros.com.mx

Primera edición en formato epub: abril de 2024
ISBN: 978-607-39-1271-6

Primera edición impresa en México: abril de 2024
Segunda reimpresión en México: julio de 2024
ISBN: 978-607-39-0692-0

Impreso en los talleres de Impregráfica Digital, S.A. de C.V.
Av. Coyoacán 100-D, Valle Norte, Benito Juárez
Ciudad de México, C.P. 03103
Impreso y hecho en México – *Printed and made in Mexico*

ÍNDICE

INTRODUCCIÓN

Enrique Peña Nieto llegó puntual a la cita.

A las 8:30 de la noche una camioneta negra se detuvo frente a la entrada del hotel Gran Meliá Palacio de los Duques, en el centro de Madrid. Tras unos segundos descendió el expresidente de México, solo, sin guardaespaldas ni acompañantes.

Ese 11 de julio de 2022 se vivió una de las noches más calurosas de la historia madrileña, producto de una ola de calor que azotaba la capital española. El verano suele ser caluroso en Madrid, pero ese año fue infernal. La temperatura registró un máximo histórico de 42.2 °C el 14 de julio, tres días después de nuestro encuentro.

Enfundado en un pantalón negro de vestir, una camisa azul y un blazer oscuro, Peña Nieto cruzó el vestíbulo del hotel para dirigirse hacia donde me encontraba junto con un amigo. Cuando estuvo a unos pasos nos levantamos para saludarlo.

—¿Cómo están? Qué calor está haciendo —fueron sus primeras palabras.

A primera vista, el semblante del expresidente priista —cuya administración pasó del cielo al infierno en unos cuantos meses; del Pacto por México, las reformas estructurales y el «Mexico's Moment» al escándalo de la Casa Blanca y la crisis de los estudiantes desaparecidos de Ayotzinapa— se veía bien. Lucía tranquilo y con ganas de platicar.

El autoexilio en el que para entonces ya llevaba tres años y medio había sido solitario y a veces caótico: los amigos desaparecieron, algunos de sus más cercanos colaboradores fueron encarcelados y desde el Gobierno federal comenzaba a gestarse una investigación financiera sobre su persona.

Caminamos al restaurante para cenar. Nos sentamos en una mesa que da hacia la fuente del patio principal del exclusivo hotel construido en los vestigios de un edificio del siglo XIX, que fue el palacio de los duques de Granada de Ega. En la actualidad conserva su estructura original, de estilo clásico y señorial. Está situado a unas cuadras del Palacio y el Teatro Real de Madrid.

Luego de algunos comentarios sobre el clima de la Ciudad de México, el calor de Madrid y el tiempo que llevaba residiendo en el extranjero, comenzamos a hablar de política. Tocamos el tema de la investigación anunciada cuatro días antes por la Unidad de Inteligencia Financiera (UIF) en su contra, y nos habló de la visa dorada que había conseguido gracias a la compra de un departamento en el barrio madrileño de Almagro, esto le permitiría residir de forma legal en el país sin restricciones; también nos habló de la intención de vender pronto dicho inmueble.

Ese primer encuentro lo gestioné con personas cercanas al expresidente y después lo busqué de forma directa durante varios meses. Nuestras primeras conversaciones siempre las tuvimos en un tono informal, que hacía pensar que nos conocíamos desde hacía años, aunque no era así; en realidad se debía a su soltura para hablar y pasar entre temas políticos, sociales y personales sin esfuerzo.

Al final de aquella cena le planteé mi interés de entrevistarlo para escribir un libro sobre su vida, no solo en lo relativo a sus años como presidente sino a aquel tiempo que lo antecede y prosigue. Si bien su presidencia puede ser leída como la clave de su vida, yo quería buscar otro enfoque: quería entender las claves que lo llevaron a la Presidencia y lo que ocurrió después de esos años frente al país.

◆◆◆

En aquel julio de 2022, cuando inicié este libro, la coyuntura nacional estaba a tope: nuevas cepas de COVID-19 dispararon los contagios y las muertes en el país; se acrecentaban los problemas jurídicos respecto a los proyectos insignia del gobierno del Movimiento de Regeneración Nacional (Morena) como el Tren Maya; iniciaban también las consultas por parte de Estados Unidos contra México en el marco del Tratado entre México, Estados Unidos y Canadá (T-MEC), y por primera vez el presidente Andrés Manuel López Obrador (AMLO) iría a Washington para reunirse con Joe Biden.

El día que me reuní con Peña Nieto en la capital española el presidente López Obrador aterrizó en Estados Unidos para realizar su visita de Estado. Cuatro días antes el titular de la UIF, Pablo Gómez, reveló en la conferencia matutina del presidente que la Fiscalía General de la República (FGR) había abierto una carpeta de investigación en contra de Enrique Peña Nieto (EPN).

En la «mañanera» del 7 de julio de 2022, durante 36 minutos, el titular de la UIF habló sobre las operaciones atribuidas al expresidente de México y comenzó su mensaje diciendo que presentaba la información con la aprobación del presidente Andrés Manuel López Obrador. Según Pablo Gómez, se detectó un esquema mediante el cual el expresidente recibió más de 26 millones de pesos vía transferencias internacionales. Además, se descubrió que Peña Nieto tenía «vínculos cooperativos» con dos empresas con presuntas irregularidades fiscales.

La información sobre Peña Nieto había sido solicitada hacía más de un año en la conferencia matutina de AMLO por un reportero allegado al Gobierno y al vocero presidencial, Jesús Ramírez. Lo anterior derivado de una entrevista previa con el extitular de la UIF, Santiago Nieto, quien reveló que a su salida de la dependencia dejó listas las investigaciones sobre flujos de capitales relacionados con el expresidente de México.

Luego de la explicación detallada de Pablo Gómez, quien apenas cumplía nueve meses al frente de la oficina donde se sigue el rastro del dinero, sobre todo de las personas «políticamente expuestas», el presidente López Obrador dijo enseguida que a Peña Nieto no se le estaba acusando de ningún delito.

«¡Nooo!», alargó la voz. «Se tiene información de operaciones que realizó por 26 millones de pesos. Por tal motivo se requirió una investigación sobre el origen de ese dinero. Tenemos que actuar con responsabilidad para no hacer juicios sumarios», matizó AMLO.

♦♦♦

«De lo que se presentó en la conferencia la mayoría es cierto, pero de todo hay evidencia, no hay nada irregular», me dijo Peña Nieto sobre el asunto en esa primera reunión. «Ya se había publicado algo sobre una empresa de mi familia; la mayoría de esas operaciones tienen que ver con una compañía que fundó mi padre hace muchos años», agregó.

En mayo de 2020 se dio a conocer que la farmacéutica Baxter International, aliada con Plasti-Estéril, S. A. de C. V., una empresa fundada por la familia del expresidente Peña Nieto, obtuvo contratos por 12 170 millones de pesos entre 2013 y 2018.

En Plasti-Estéril, negocio de plásticos estériles para equipo médico, figuran como socios fundadores desde 1991 Enrique Peña del Mazo, padre del expresidente, su tío Arturo Peña del Mazo y su hermano Arturo Peña. La empresa fue fundada en Atlacomulco, Estado de México.

«Lo del departamento también es cierto, pero es un inmueble mucho más pequeño y de menor valor de lo que se ha reportado», dijo acerca de un piso adquirido en el barrio de Almagro, perteneciente al distrito de Chamberí, que días después el diario *El País* revelaría que puso en venta.

Ese mismo martes 7 de julio, luego de la revelación que hizo el titular de la UIF sobre la investigación judicial, Peña Nieto usó su cuenta de Twitter para emitir una respuesta:

> En relación con la denuncia presentada en mi contra por la Unidad de Inteligencia Financiera, estoy cierto que ante las autoridades competentes se me permitirá aclarar cualquier cuestionamiento sobre mi patrimonio y demostrar la legalidad del mismo, dentro de los procedimientos legales.

Expreso mi confianza en las instituciones de procuración y administración de justicia.

◆◆◆

La cena se alargó por tres horas. Además de responder sobre las investigaciones en su contra y de insistir en que no había nada irregular, razón por la que no creía necesario en ese momento contratar a un abogado, Enrique Peña Nieto habló con soltura sobre temas de su vida política y personal.

Una de las confidencias que más me sorprendió fue el hecho de reconocer que nunca pensó en ser presidente de México.

Peña Nieto dijo que una vez enrolado en la política del Estado de México, donde se fogueó, sobre todo en la administración de Arturo Montiel, se dio cuenta de que podía llegar a ser gobernador, pero no creyó que fuera posible catapultarse a lo más alto de los cargos políticos en el país: la jefatura del Poder Ejecutivo.

Habló del impulso que le dieron quienes considera sus padrinos en la política, en particular el exgobernador priista Arturo Montiel, quien al momento de escribir estas líneas se encontraba en un delicado estado de salud en un hospital privado de México. Peña Nieto me contó que Montiel fue uno de los primeros en detectar en él un enorme potencial político. No solo por su facilidad para desenvolverse con las personas, sino porque a todos les caía bien y era muy disciplinado en el trabajo.

Enrique Peña Nieto es un priista de cepa: nació en Atlacomulco, una pequeña ciudad en el Estado de México, donde se asentó el llamado Grupo Atlacomulco, del cual han emanado los principales gobernadores del estado y algunos de los más prominentes líderes del Partido Revolucionario Institucional (PRI). El origen de este grupo se remonta a 1915, al calor de los años de la Revolución mexicana, aunque fue con Isidro Fabela, entre 1942 y 1945, cuando se instituyó formalmente, pues como gobernador de la entidad inundó a su gabinete con personajes oriundos de Atlacomulco. A esto debe sumarse que Peña Nieto está emparentado con cuatro exgobernadores del PRI y que encarna los principales valores de la estirpe partidista: lealtad, unidad y caballerosidad.

«Peña Nieto tiene una inteligencia emocional que muy pocos políticos han logrado desarrollar», me dijo uno de sus amigos, quien pidió no ser mencionado por su nombre a condición de hablar sobre el personaje. Con esto se refería a la habilidad para comunicarse con efectividad, es decir, transmitir a sus interlocutores exactamente lo que quiere, con palabras y sin ellas; y, al mismo tiempo, sabe ser empático con otras personas. Esta inteligencia también lo ayudó a encontrar la manera de colocarse en una posición favorable para superar desafíos y resolver conflictos.

Enrique Peña Nieto logró, además, lo que no pudieron los más prominentes priistas de Atlacomulco que también gobernaron el Estado de México: dar el salto a la Presidencia de la República. Lo intentaron Carlos Hank González, Alfredo del Mazo González, Emilio Chuayffet y Arturo Montiel. Este último logró establecer alianzas con otros gobernadores de filiación priista para contender por la candidatura del PRI al Gobierno federal, pero se topó con el entonces líder del partido, Roberto Madrazo. Un escándalo mediático sobre un supuesto enriquecimiento ilícito acabó con sus aspiraciones presidenciales. Fue la revelación de una serie de depósitos en efectivo por 35 millones de pesos en las cuentas de los hijos de Montiel, así como la propiedad de casas y terrenos en exclusivos destinos de playa en México.

A Peña Nieto se le alinearon los astros. El segundo sexenio panista, encabezado por Felipe Calderón de 2006 a 2012, había terminado en un baño de sangre ocasionado por la llamada «guerra contra el narcotráfico» que ejecutó en su gobierno. Y si bien la izquierda encabezada por Andrés Manuel López Obrador había logrado crecer al punto de acercarse a unos cuantos puntos al candidato priista en la campaña de 2012, Peña Nieto contaba con una estrategia mediática contundente que marcó la diferencia; las televisoras se rindieron ante él, entre otras razones porque su imagen «vendía» muy bien en los medios y acababa de casarse con la exactriz de Televisa Angélica Rivera, quien había estado en boga en 2007 por su telenovela *Destilando amor* y en 2008 había sido la imagen oficial del Estado de México. El joven candidato de 49 años, viudo y padre soltero, era visto por muchas mujeres como un símbolo sexual.

Peña Nieto ganó oficialmente la elección presidencial con 38.21% de los votos, seguido de López Obrador, entonces candidato del Partido de la Revolución Democrática (PRD), con 31.59%. Si bien el tabasqueño argumentó fraude electoral, no lo hizo con la vehemencia de años atrás, cuando Felipe Calderón, candidato por el Partido Acción Nacional (PAN), le ganó la elección presidencial por una mínima diferencia de 0.56%. En aquel 2006 AMLO se proclamó «presidente legítimo» y encabezó un plantón en la capital del país, el cual se instaló en Paseo de la Reforma y duró 47 días. En 2012 el mayor margen de diferencia en la votación dejó con menos posibilidades de reclamo a López Obrador.

Aun con esta ventaja, luego de transcurridos diez años de haber vencido a López Obrador en la elección presidencial de 2012, Peña Nieto me contó, la segunda vez que nos vimos, que en algún momento pensó que iba a perder. Sentado en un *lobby* privado del hotel Meliá Madrid Serrano, mientras bebía su café y terminaba de mascar un chicle de tabaco, el priista reconoció que la crisis ocasionada por el movimiento estudiantil #YoSoy132, surgido poco menos de un mes antes de la elección presidencial en la Universidad Iberoamericana, lo hizo caer en las encuestas. Las tendencias con AMLO se cerraron al grado que en su equipo ponderaron por primera vez la posibilidad de perder la elección.

♦♦♦

El miércoles 18 de enero de 2023 me reuní por segunda vez con Enrique Peña Nieto en España.

Fui a Madrid a cubrir una serie de reuniones de las cámaras empresariales de México y España. También estaba programada una reunión privada con el rey Felipe VI, la cual me parecía importante debido al contexto de la relación bilateral entre México y España, luego de las solicitudes del presidente Andrés Manuel López Obrador a la Corona y al Gobierno español de pedir disculpas por los abusos cometidos durante la Conquista de 1521.

Para esa fecha, el PRI ya tenía definida a su candidata a la gubernatura del Estado de México y estaban por iniciar la precampaña. Alejandra del Moral fue la apuesta del gobernador Alfredo del Mazo y, se asegura, también la del expresidente Peña Nieto, aunque él propiamente no intervino en la campaña ni en la decisión. Sin embargo, la candidatura de Del Moral dividió a una parte de los priistas del estado, ya que un grupo de exgobernadores había impulsado a la diputada federal Ana Lilia Herrera, quien tenía una amplia carrera y reconocimiento en el Edomex.

Al igual que el priismo local y nacional, Peña Nieto veía complicado que Del Moral lograra el triunfo en el principal bastión del PRI, el mismo estado del país que lo impulsó a convertirse en presidente de la República, entre otras razones, porque el Edomex es la entidad con el mayor padrón de votantes a nivel nacional con 12 600 000 electores.

En nuestra plática me habló acerca de la desventaja en la que se encontraba la candidata priista: «Tendría que suceder algo excepcional para darles la vuelta a las tendencias». Y enfatizó que para que hubiera un cambio de rumbo en las tendencias tendría que ocurrir una catástrofe en la campaña de su competidora. «Algo así como me sucedió a mí con el movimiento #YoSoy132, que me bajó varios puntos en las encuestas», especificó.

La candidata de la alianza que lideró Morena era la maestra Delfina Gómez, quien también compitió contra Alfredo del Mazo en 2017. Las elecciones de 2023 para el Edomex tenían un contexto muy distinto: ahora Morena era el partido en el Gobierno federal; en 2017, de hecho, se estaba a un año de que ocurrieran los comicios federales de 2018, los cuales dieron paso a la alternancia de la izquierda y convirtieron a Andrés Manuel López Obrador en el presidente más votado de la historia de México con poco más de 30 000 000 de sufragios. Pese al enorme bono democrático que para 2017 ya tenían AMLO y Morena, en el Estado de México la bien aceitada maquinaria y la operación priista lograron mantener su histórico bastión, aunque por un margen de distancia de tan solo dos puntos. López Obrador apeló de nuevo a un fraude electoral.

En aquel desayuno del hotel Meliá Madrid Serrano, Enrique Peña Nieto hizo un repaso por su historia política en el Estado de México. Habló de la importancia de esa enorme, compleja y desigual entidad de 22 500 km de superficie, cuyo nombre deriva del término náhuatl *Mēxihco*, la capital de los mexicas: México-Tenochtitlan. Reconoció que si bien había sido la cuna del priismo durante más de noventa años, en los últimos sexenios se fueron perdiendo posiciones ante la derecha del PAN y la izquierda de Morena, al grado que la entidad estaba dividida por regiones partidistas, además de que emergía con fuerza el llamado Grupo Texcoco, conformado, entre otros líderes, por Higinio Martínez, Delfina Gómez y Horacio Duarte, quienes se convirtieron en poderosos operadores de Morena y del gobierno de Andrés Manuel López Obrador

El Grupo Texcoco, encabezado en las boletas por Delfina Gómez, se terminó imponiendo en las elecciones de junio de 2023 con más de 50% de los votos, y de tal forma llegó al Gobierno del Edomex con el objetivo de perpetuarse en el poder y, sobre todo, erradicar todo aquello que huela a Grupo Atlacomulco.

Enrique Peña Nieto estuvo poco tiempo en el desayuno. Había llegado retrasado, lucía desvelado y tenía que regresar a su casa, en las afueras de Madrid, para después trasladarse al aeropuerto. Tenía en agenda un viaje de un par de días a cierta ciudad española. Se despidió y cruzó el vestíbulo del hotel a paso apresurado, pues en esa zona de Serrano, una de las más lujosas de Madrid, viven y se hospedan muchos mexicanos que prácticamente han «tomado» la capital española, y no quería que nadie lo reconociera y lo detuviera. Un amigo madrileño me contó que desde hace algunos años los bares y restaurantes de la ciudad son más ruidosos que antes, se escucha más música mexicana, y los dueños y meseros están encantados por el alto consumo de vinos Vega Sicilia y las generosas propinas de los cada vez más concurrentes clientes mexicanos.

♦♦♦

Esa semana que pasé en Madrid volví a ver a Enrique Peña Nieto. Fue el viernes 20 de enero. Nos reunimos en el bar de un hotel boutique del centro de Madrid, ubicado a cinco minutos a pie del museo del Prado. En aquel *lobby*-bar me dijo que alguna vez se encontró por casualidad con el cantante mexicano Luis Miguel. Se saludaron, se tomaron una bebida y después cada quien se fue a sus respectivas reuniones.

Aquel día nos vimos a las 7:30 de la tarde. El propósito de la reunión era plantearle los temas a tratar durante las entrevistas que le solicité para este libro.

Mientras le enumeraba los asuntos de mi interés me soltó a bocajarro que estaba escribiendo su propia biografía. Le respondí que quizá podría adelantarme algunos puntos, pero que mi intención no era escribir una biografía de su persona, sino recoger de voz propia y documentar con información de primera mano los momentos clave de su vida política, desde que fue gobernador hasta que ganó la Presidencia; cómo fue vencer a López Obrador en la elección de 2012, el Pacto por México, las reformas estructurales y las crisis de la Casa Blanca, Ayotzinapa y otras. También le comenté que estaba interesado en ahondar en su vida personal como político, priista y presidente de México; su autoexilio, el supuesto pacto con AMLO, el encarcelamiento de algunos de sus colaboradores cercanos y amigos, y el ocaso del PRI. Todo esto, le dije, tendría que ser contrastado con otras fuentes de información, con versiones periodísticas de cada uno de los momentos y con otras publicaciones sobre su persona.

Peña Nieto asintió. Me dijo que si de todos modos iba a escribir el libro prefería que incluyera sus comentarios y escuchara su versión de cómo sucedieron los hechos. Me contó que estaba al tanto de que tras concluir su gobierno se publicaron libros sobre él y su administración. Los tiene casi todos —no son muchos— almacenados en la memoria de su teléfono celular. Me dijo que no los ha leído, salvo algunas partes.

Entonces el expresidente discurrió sobre el vínculo de su gobierno con los medios de comunicación. Me habló de su relación personal con dueños de periódicos, estaciones de radio y cadenas de televisión. Dijo que muchos lo trataron mal a pesar de que no escatimó en publicidad oficial.

Luego me contó acerca de su relación con su actual novia, Tania Ruiz, la cual no pasaba por uno de sus mejores momentos. Casi al mismo tiempo entró una llamada a su celular. Era la joven modelo oriunda de San Luis Potosí con la que inició una relación sentimental a principios de 2019, luego de su divorcio con la actriz Angélica Rivera.

En esa tercera ocasión hablamos alrededor de cuarenta minutos. Me dijo que tenía que irse porque cenaría con Aurelio Nuño, uno de sus más cercanos colaboradores, quien fue jefe de la Oficina de la Presidencia durante los primeros dos años y nueve meses de su gestión, y luego se convirtió en secretario de Educación hasta diciembre de 2017, año en el que renunció para sumarse a la campaña del precandidato presidencial José Antonio Meade. Tras perderse la elección, Nuño se autoexilió en Boston, en la Universidad de Harvard, igual que el otro gran amigo y operador de Peña Nieto: Luis Videgaray, quien también se mudó a dicha ciudad para integrarse como profesor del MIT. Ninguno quiso hablar para este libro.

Con Peña Nieto acordé una serie de entrevistas en los siguientes meses.

◆◆◆

Tres meses después del último encuentro en Madrid, en abril de 2023 viajé a República Dominicana, donde Enrique Peña Nieto pasa cerca de cuatro meses al año.

El expresidente tiene que estar por lo menos medio año fuera de España puesto que no es residente fiscal. Normalmente se queda dos meses en algún otro país de Europa y otros cuatro en Punta Cana, un destino del Caribe que le recomendó su amigo Juan Collado, a su vez por sugerencia del cantante español Julio Iglesias.

Punta Cana es conocido por sus 32 km de extensión de playas y aguas cristalinas, pero sobre todo por sus campos de golf. El de Punta Espada en Cap Cana es el preferido del expresidente mexicano. Diseñado por el afamado Jack Nicklaus —considerado por muchos el mejor golfista de la historia—, es uno de los mejores campos del Caribe, con ocho hoyos que discurren a lo largo de la costa y ofrecen impresionantes vistas del mar esmeralda.

Peña Nieto juega golf desde antes de ser gobernador del Estado de México. Uno de sus amigos le sugirió que cuando tuviera que tomar decisiones importantes o enfocarse de tiempo completo era mejor no pararse en el campo de golf, debido a que hay muchas distracciones. Así lo hizo cuando realizó sus campañas: colgó los palos de golf antes de ser gobernador, y sobre todo en 2012, cuando se convirtió en presidente.

Fuera de eso, casi todos los fines de semana Peña Nieto jugaba golf en Ixtapan de la Sal —donde tiene una casa de descanso— o en otros campos del país. Cada viernes, después del mediodía, de la residencia oficial de Los Pinos despegaban los helicópteros del Gobierno con rumbo al Estado de México.

El expresidente también aprovechaba sus giras para darse una escapada y jugar golf con sus amigos, como su compadre Luis Miranda, quien fue su secretario de Desarrollo Social, su vocero David López o con el entonces poderoso senador Emilio Gamboa. También con sus amigos empresarios, como José Miguel Bejos y otros más, algunos dueños de medios de comunicación. A la mayoría le ganaba en los nueve o 18 hoyos. Quienes han jugado con Peña Nieto aseguran que es un buen golfista.

En el golf hay tres cosas que siempre le han gustado a Peña Nieto: buenas amistades, bebidas y vistas espectaculares. Ya sea en el Club de Golf Gran Reserva, en Ixtapan de la Sal, en el Club de Golf Los Encinos —donde vivió su padrino y mentor, el exgobernador Arturo Montiel—, en el Punta Mita Golf Club; el Diamante, Cabo del Sol o Quivira en Los Cabos; en el Estrella de Mar de Mazatlán o en el Yucatán Country Club, el exmandatario aprovechaba cualquier oportunidad para romper el aire con sus *swings*.

Además del forzoso autoexilio, el golf es una de las razones por las que Peña Nieto pasa una buena parte del año en Punta Cana. Las otras son sus amigos y la privacidad que le ofrece el destino caribeño.

En abril de 2021 el expresidente fue visto en la boda de una pareja de colombianos, debido a su relación con la familia del novio, un empresario de nombre Sergio Chams. En la paradisiaca isla dominicana también residen o la visitan empresarios mexicanos y españoles amigos de Enrique Peña Nieto.

Fue en ese paisaje donde tuve la oportunidad de hablar varias horas con él. Fueron tres ocasiones durante cuatro días.

Las entrevistas se llevaron a cabo en diferentes lugares de Punta Cana, ciudad donde mucha gente local lo conoce y lo trata bien.

Decenas de preguntas y respuestas que ahí formulé y Enrique Peña Nieto respondió son las que les dan forma a los siguientes capítulos en los que se descubrirán episodios de su vida antes, durante y después de la Presidencia de México. Las entrevistas con el protagonista, así como con otras fuentes de información, dan contexto a la vida de uno de los personajes más mediáticos, polémicos e interesantes de la política mexicana.

1
EL ORIGEN DE ENRIQUE PEÑA NIETO

Una edición especial de la revista *Caras*,[1] publicada el 28 de septiembre de 2010, a propósito de la boda entre Enrique Peña Nieto y su segunda esposa, la actriz Angélica Rivera —que se celebraría en noviembre de ese año—, reveló el origen de la imagen pulcra y carismática que el expresidente mexicano se forjó desde sus años de juventud y con la que se presentó ante el electorado en su campaña presidencial de 2012. La sonrisa, el vestir y el icónico peinado de Peña Nieto eran presumidos por él mismo desde pequeño: un niño con especial interés en el futbol, pero que también vestía trajes y chalecos tejidos por su madre, y que decía a sus amigos y maestros que algún día sería gobernador del Estado de México.

A sus 56 años, con una larga carrera política a cuestas, Peña Nieto guardaba aquella misma imagen en Punta Cana. Era el mismo niño en el que destaca la hechura, y en el que las formas cuidadas están presentes en cada una de las palabras que integran su conversación.

Más allá de los conceptos con los que muchos han calificado su sexenio, entre los que se encuentran las palabras *catástrofe*, *corrupción* y *derroche*, él se reconoce como el artífice de algunas de las más trascendentes transformaciones a nivel constitucional y heredero de una historia familiar de la que le da orgullo ser parte.

Se sabe de aquella leyenda mexiquense en la que una famosa vidente de Atlacomulco, Francisca Castro Montiel, predijo que de ese municipio surgirían al menos seis gobernadores y un presidente de México. Una profecía que finalmente, y contra todas las versiones de nacimientos fuera de esa región, se cumplió y se superó. Del Grupo Atlacomulco surgieron seis mandatarios estatales: Isidro Fabela Alfaro (gobernador entre 1942 y 1945), Alfredo del Mazo Vélez (1945-1951), Salvador Sánchez Colín (1951-1957), Alfredo del Mazo González (1981-1986), Arturo Montiel (1999-2005) y Enrique Peña Nieto (2005-2011), quien se percibe a sí mismo como oriundo de esas tierras, y quien hizo realidad el augurio de convertirse en presidente de México (2012-2018).

Alfredo del Mazo Maza se convirtió en el séptimo gobernador —y tercero de su familia—, aunque nació en la ciudad de Toluca. El mítico profesor Carlos Hank González, nacido en Santiago Tianguistenco, pueblo del Edomex, también fue gobernador y uno de los máximos líderes de esa clase política, que llegó a ser por muchos años la más poderosa del país.

♦♦♦

Nacido un 20 de julio de 1966, Enrique Peña Nieto es hijo de Gilberto Enrique Peña del Mazo, un ingeniero mecánico electricista egresado del Instituto Politécnico Nacional. Su madre, María del Perpetuo Socorro Ofelia Nieto, era una maestra normalista; una trágica ironía para su historia por la referencia a lo sucedido en la Escuela Normal Rural de Ayotzinapa durante su gobierno como presidente de México.

Su padre, Gilberto, fue a su vez sobrino de Isidro Fabela, sobrino segundo de Alfredo del Mazo Vélez y primo de Alfredo del Mazo González, otro gobernador del Edomex. La familia se inmiscuye en la política desde que en el poblado de Acambay su bisabuelo, Gilberto Enrique Arturo Severiano Peña, fue cuatro veces presidente municipal, en 1914, 1916, 1921 y 1923, y luego murió asesinado en 1925 por cuestiones relacionadas con terrenos ejidales. A pesar de que la Hacienda Santa Lucía continúa siendo propiedad de la familia, los Peña dejaron Acambay y se mudaron a otro poblado del Estado de México: Atlacomulco. Ahí se asentaron y comenzaron su dinastía política.

En Atlacomulco se conocieron los padres de Peña Nieto; sus abuelas, Ofelia Sánchez Colín y Dolores del Mazo Vélez, eran comadres y vecinas, por lo que ambas familias siempre fueron cercanas. Cuando Socorro, la madre de Enrique, tenía 16 años, Gilberto, de 22, le declaró su amor; y aunque la familia Nieto Sánchez lo veía como un excelente prospecto, se opusieron a una relación visible por la diferencia de edad. Su vínculo se mantuvo secreto hasta que Socorro cumplió 20 años, y tanto ella como su familia aceptaron la propuesta de matrimonio. La pareja se casó un 26 de junio de 1965, tras cinco años de noviazgo, en la iglesia de la Santa Veracruz en Toluca. La recepción se llevó a cabo en el lienzo charro de esa capital.

Unas semanas antes de la ceremonia nupcial Gilberto —quien laboraba como ingeniero para la Comisión Federal de Electricidad— sufrió un aparatoso accidente automovilístico mientras conducía a exceso de velocidad sobre la carretera México-Toluca. Arturo Montiel, familiar de Gilberto, quien después se convertiría en gobernador y padrino político de Peña Nieto, fue quien acudió al lugar del accidente para auxiliarlo. Encontró al ingeniero semiconsciente y, sin saberlo en ese momento, le salvó la vida al padre de un futuro gobernador y presidente del país. Según el relato del propio Montiel, su hermana le dio primeros auxilios y luego lo trasladaron a su casa en Atlacomulco para que fuera atendido por el doctor de la familia.

Por su herencia familiar, Enrique Peña Nieto estaba destinado a forjar una carrera política cuando creciera.

Del lado materno, su abuelo Enrique Nieto Montiel fue presidente municipal de Atlacomulco entre 1953 y 1954, mientras que su abuela, Ofelia Sánchez Colín, era hermana de Salvador Sánchez Colín, quien fue gobernador del Estado de México entre 1951 y 1957. La familia tenía además buena relación con la Iglesia. Su abuela paterna, Dolores del Mazo Vélez, era prima de Arturo Vélez, el primer obispo de Toluca; asimismo contaba con parentesco lejano con Máximo Ruiz Flores, el obispo de Chiapas.

Enrique Peña Nieto siempre ha dicho que su hogar es Atlacomulco, donde vivió sus primeros 11 años junto a sus hermanos Arturo, Verónica y Ana Cecilia.

Se percibe aún como un hombre que gusta de ser el centro de atención. Sus cercanos cuentan que siempre lo fue para su madre, no solo por ser el primogénito, sino porque cuando tenía nueve meses contrajo una fuerte infección intestinal que lo mantuvo en estado crítico de salud. Tras la recuperación, doña Socorro le prestó especial atención y cuidados.

Por sus vínculos con la Iglesia, la familia era extremadamente religiosa. Enrique Peña Nieto fue bautizado en la catedral de Toluca; su abuela Dolores y su tío Arturo Peña del Mazo fueron sus padrinos. Su padre, Gilberto, era de lo más estricto en lo concerniente a los temas religiosos, pues pedía a toda la familia asistir a misa los viernes y domingos en la parroquia de Santa María de Guadalupe.

El niño Peña Nieto llegó a acondicionar su cuarto para convertirlo en una capilla donde él mismo celebraba la eucaristía. En algunas entrevistas admitió que durante su adolescencia en Toluca pensó en volverse sacerdote, una idea que era aprobada por sus padres, que lo visualizaron como un obispo o misionero de África; sin embargo, su gusto por las actividades lúdicas, la política y las mujeres terminaron por alejarlo del camino religioso.

♦♦♦

Enrique Peña Nieto vivió su primera experiencia académica en el Colegio Plancarte de Atlacomulco, una escuela católica que forma parte de los Colegios Guadalupanos Plancartinos de las Hijas de María Inmaculada de Guadalupe, donde cursó hasta cuarto grado de primaria. Nunca fue el alumno de mejor conducta, pero era estudioso y educado, por lo que se convirtió en uno de los predilectos de las profesoras que identificaron desde entonces su facilidad para la oratoria.

A menudo, el niño que más adelante brindaría discursos en foros nacionales e internacionales y cuyos mensajes serían la voz de un país, era elegido para expresar palabras y ser maestro de ceremonias durante los eventos escolares. Casi todos los colegios relacionados con la educación de Peña Nieto fueron de carácter religioso y privado; siguen en activo y sus cuotas mensuales rondan actualmente los 3 000 pesos, sin contar con los gastos de inscripción y otros pagos adicionales.

Cuando Enrique Peña cumplió 11 años, su padre fue nombrado presidente de la Junta de Electrificación del Estado de México, por lo que la familia tuvo que dejar Atlacomulco y mudarse a Toluca, la capital del estado. De esta manera, el expresidente cursó el quinto y el sexto año de la educación básica en la Primaria Anexa de la Normal de Toluca, también conocida como el plantel Profesora Eudoxia Calderón Gómez, un colegio al cual regresó en su calidad de mandatario nacional en 2016 para dar el banderazo de inicio al ciclo escolar.

Al terminar la primaria pasó su primer año de secundaria en el Denis Hall School, un colegio cristiano para varones ubicado en Alfred, Maine, Estados Unidos, donde pudo continuar estudiando bajo los valores religiosos impuestos en su hogar, además de que tuvo una oportunidad para aprender y practicar inglés. Nunca terminó de dominar el idioma. En sus múltiples discursos y visitas al extranjero como jefe del Ejecutivo prefería apoyarse en sus traductoras.

Al exclusivo internado en Estados Unidos, acudió también su primo Alfredo del Mazo Maza, quien con el apoyo de Peña Nieto de igual modo llegó a ser gobernador del Estado de México, después de él. Ambos compartieron con sus compañeros varias partidas de ajedrez en ese inmueble que dispone de una superficie de trescientos acres para actividades deportivas, culturales, religiosas y recreativas. El costo mensual de aquella escuela era de unos 2000 dólares por alumno.

Luego de este viaje académico al extranjero regresó a Toluca para terminar la secundaria en el Colegio Argos en Metepec. En una entrevista realizada por la revista *Quién* a Laura Villar, amiga de su madre, contó que Peña Nieto habló sobre sus futuras aspiraciones en una tarea escolar. De manera contundente señaló: «Yo voy a ser el gobernador del Estado de México».

Durante esa época prometía cosas a sus compañeros de clase y firmaba papeles como prueba de que cumpliría sus compromisos. Años más tarde, de ahí surgiría el que fuera el lema de su campaña: «Te lo firmo y te lo cumplo». En la escuela se hacía pasar por político y desde ese momento buscó siempre representar a su grupo en las ceremonias, como en la de graduación.

Los estudios de preparatoria los cursó en el Instituto Cultural Paideia de Toluca, un colegio que se autodenomina como la mejor opción educativa para formar a niños y jóvenes que serán los «líderes del futuro», gracias a un plan de trabajo adecuado a las necesidades del país. La narrativa del gobernador y luego del presidenciable parece que se construyó desde los lemas de sus instituciones formadoras.

En este colegio conoció a quien se convertiría en su mejor amigo y más cercano asesor: Luis Miranda Nava, quien fue su secretario general de Gobierno durante su mandato como gobernador en el Estado de México, y luego secretario de Desarrollo Social en su gestión como presidente. Fue en aquellos años de preparatoria en los que Enrique Peña y Luis Miranda se volvieron amigos muy cercanos. Años después estuvieron juntos en los momentos que tocaron las puertas del poder. Cuando aprendieron a jugar golf se hicieron una pareja inseparable en ese deporte.

Peña Nieto aprendió a jugar golf a los 37 años, cuando ganó su primer cargo de elección popular: una diputación local. Él mismo me lo comenta mientras platicamos en Punta Cana:

> Fui electo el primer domingo de marzo, era cuando estaban haciendo cambios en las elecciones todo el tiempo, y entré el 1.° de septiembre; tuve todo marzo, abril, mayo, junio, julio y agosto. Seis meses de ser diputado electo y no entrar en funciones, y dije ¿qué hago?, entonces el papá de mi primera esposa [Hugo Pretelini Hernández] me enseñó a jugar.
>
> Me enganché y empecé; ha sido hasta la fecha mi terapia ocupacional, psicológica y emocional. Solía pasarme hasta cuatro horas sin tomar llamadas en una buena partida.

En 2020, en una entrevista para *El Universal*,[2] Luis Miranda habló sobre esos juegos de golf: «Yo creo que soy mejor que él, pero ahí nos vamos dando. No somos buenos, somos malos, pero entre los dos yo creo que le gano», respondió al ser cuestionado por su cercanía con el expresidente. «Los amigos son para siempre», sentenció.

Y sí, Luis Miranda fue un hombre clave para Enrique Peña Nieto durante su paso por la administración pública. Nacido en el municipio de Jocotitlán, su carrera política inició formalmente con el gobernador mexiquense Arturo Montiel, cuando en 2003 se desempeñó como su secretario de Finanzas. Miranda gozó de la total confianza del expresidente; por él pasaron desde asuntos críticos del Gobierno, iniciativas del Congreso, operaciones políticas, cabildeos con partidos políticos y decisiones estratégicas de las administraciones peñanietistas.

♦♦♦

Para ser admitidos en el Instituto Paideia, Enrique Peña Nieto y Luis Miranda tuvieron que someterse a un examen de admisión y a una evaluación diagnóstica cuya finalidad era la de verificar que los alumnos cumplieran con los requisitos de ingreso determinados por la institución. Ambos cumplieron, aunque al futuro presidente de México le dieron una «ayudadita».

En su momento, Melchor Dávila Maldonado, director del colegio, comentó que Enrique Peña Nieto comenzó a realizar sus primeras acciones de campaña política en esa época escolar; repartía entre sus compañeros propaganda de la campaña de su tío Alfredo del Mazo González para ayudarlo a convertirse en gobernador del estado. El segundo del Mazo en la historia del Edomex ganó el cargo en 1981.

Fue también en esa etapa cuando Enrique Peña Nieto presentó a sus padres a la primera de sus múltiples novias, una joven canadiense de nombre Bonnie Jakins, que vivía en la casa de enfrente y con frecuencia solía regalarle pasteles y galletas. Esa debilidad por las mujeres lo acompañaría por el resto de su vida.

En 1984 Peña Nieto inició la licenciatura en Derecho en la Universidad Panamericana (UP), una institución del Opus Dei que compaginaba bien con su marcada tradición religiosa. Sabía que la carrera de Derecho sería la más adecuada para intentar destacar en el entorno político.

De acuerdo con testimonios de sus excompañeros y profesores, Peña Nieto era un alumno solidario y participativo. En varias ocasiones los invitó a reuniones y mítines del PRI en el Edomex; su imagen y facilidad de palabra siempre fueron atractivos para su entorno.

Terminó la carrera a mediados de 1989 con un promedio de 8.5. En 1991 se recibió con doscientas páginas de una tesis titulada *El presidencialismo mexicano y Álvaro Obregón*, asesorada por Eduardo Alfonso Guerrero Martínez, a la postre magistrado del Tribunal Superior de Justicia de la Ciudad de México. La tesis fue cuestionada debido a que, según dictaminó la propia UP, hasta 30% de su contenido tenía «reproducciones textuales de fragmentos de obras publicadas anteriormente».

Cuando se reveló el posible plagio de aquella tesis, en 2016, el vocero de la Presidencia, Eduardo Sánchez, comentó:

> El licenciado Peña Nieto presentó esa tesis hace 25 años. Cumplió con los requisitos establecidos por la Universidad Panamericana para titularse como abogado. Por lo visto, errores de estilo, como citas sin entrecomillar o falta de referencia a autores que incluyó en la bibliografía, son dos décadas y media después materia de interés periodístico.[3]

Su carrera política desde entonces estuvo en activo y tras acabar la licenciatura fue en ascenso. Finalmente, Enrique Peña Nieto hizo una maestría en Administración de Empresas por el Tecnológico de Monterrey en el campus Toluca, la cual terminó hasta 1995, ya con diversas actividades políticas en simultáneo, las cuales empezaban a pavimentar su camino hacia la Presidencia.

2

COLABORADORES Y GRUPOS DE PODER

Por su contexto, Enrique Peña Nieto parecía destinado a tener una trayectoria política de gran impacto, independientemente de los resultados que sus gestiones tuvieran en la historia del país.

Quienes lo conocieron en su juventud aseguran que el carisma y la capacidad para relacionarse que lo encumbraron como presidente de la República era el sello de un estudiante y profesionista que, más allá de su preparación y conocimientos, brindaba una imagen de capacidad muy amplia.

En nuestras conversaciones en Punta Cana noté en sus palabras un profundo cariño por las figuras que le abrieron las puertas de la política y que lo acompañaron cuando ya era un personaje de ese mundo de relaciones tan complicadas; es el mismo sentimiento que le impidió tomar decisiones extremas cuando debió haberse desmarcado de quienes se decían sus amigos. Su agradecimiento tuvo, algunas veces, consecuencias negativas para su carrera. Más aún, ante los avances de investigaciones contra sus excolaboradores, dice, con pesar, que se cometieron injusticias.

La carrera profesional y política de Peña Nieto puede calificarse como meteórica, quizá por la importancia de su árbol genealógico o por la influencia de los funcionarios con los que tuvo proximidad, pues alcanzó con rapidez importantes cargos en la administración pública. Pero la parte académica y profesional se complementa con una formación de político al más puro estilo priista: con ese modelo de generación de cuadros destinados a mantener bajo su control todos y cada uno de los espacios del poder.

♦♦♦

Mientras estudiaba la carrera de Derecho en la Universidad Panamericana, en 1985, Enrique Peña Nieto fue reclutado como asistente por un prestigioso despacho de abogados, conocido como Laffan Muse y Kaye. Durante esa época entabló también un compromiso laboral con la Corporación Industrial San Luis, en la que formó parte del equipo del empresario Antonio Madero Bracho.

El despacho legal cambió de nombre con el tiempo. Se le conoció después como Aziz y Kaye, y sus socios fundadores fueron los abogados Luis Alberto Aziz y Allan Kaye, quienes presumían de contar con más de treinta años de experiencia y un manejo completo de las áreas de derecho corporativo, transnacional, financiero y de competencia económica. Años más tarde presumirían haber formado en su despacho a un presidente de la República, aunque él solo estuvo con ellos un muy corto tiempo.

La Corporación Industrial San Luis es hoy en día conocida como Rassini, fabricante de suspensiones y frenos automotrices. Es la segunda empresa de autopartes más importante de México, con fuerte presencia a nivel internacional. Y fue precisamente con Peña Nieto como presidente que el país se colocó como una potencia en la industria automotriz, con incentivos para las armadoras.

Un año antes de su primera experiencia profesional, en 1984, Enrique Peña Nieto, de tan solo 18 años, se unió a las filas del PRI para gestionar los eventos organizados por el partido y convocar a sus allegados y compañeros de clase a estos.

En 1986 abandonó el despacho en el que trabajaba para llevar a cabo sus prácticas jurídicas en la Notaría Pública número 96 del entonces Distrito Federal. El titular de esta era su profesor de leyes, Fausto Rico Álvarez.

En julio de 2015, ya siendo la máxima autoridad del país, Peña Nieto atendió al Encuentro con el Consejo Nacional del Notariado Mexicano, donde dedicó un discurso a Rico Álvarez por sus cincuenta años de trayectoria como notario y maestro en la Universidad Panamericana y la Escuela Libre de Derecho. Aquellas eran las muestras de agradecimiento que se describen como parte de su personalidad.

♦♦♦

Fue en 1990 cuando Enrique probó por primera vez las responsabilidades que buscaba dentro del PRI: se convirtió en el secretario de un Movimiento Ciudadano de Zona de la Confederación Nacional de Organizaciones Populares del PRI (CNOP), una organización que en ese entonces era presidida por Silvia Hernández Enríquez, secretaria de Turismo durante el sexenio de Ernesto Zedillo, y quien terminaría su carrera política como senadora del Congreso de la Unión por Querétaro en 2006.

La CNOP perduró aun con la llegada del movimiento de Morena, aunque no con la misma fuerza con la que la encontró Peña Nieto en aquellos tiempos. Fue rebasada por las estructuras que construyó en el país el gobierno de Andrés Manuel López Obrador, debido a que trabajaban sobre las mismas problemáticas que el órgano priista. El propósito de la CNOP era fungir como un aliado de las causas de la sociedad para «construir un México incluyente, próspero, democrático y justo».

A pesar de que era un cargo menor, Peña Nieto contaba con la familia y la carrera idónea para aportar a su partido. Tan solo duró un año con las responsabilidades de la Confederación. Entre 1991 y 1993 se convirtió en instructor del Centro de Capacitación Electoral del PRI, delegado del partido en Jocotitlán y San Bartolo de Morelos y, lo más importante, se volvió representante de la Comisión Coordinadora de Convenciones para la Asamblea Municipal del Frente Juvenil Revolucionario del PRI en el distrito XXIV del Estado de México.

Con varios puestos dentro del partido y convertido en un personaje clave entre los jóvenes militantes, Enrique Peña Nieto estaba enfilado para dar el siguiente gran paso.

♦♦♦

Al concluir su carrera y mientras cursaba su maestría en Administración de Empresas en el Tecnológico de Monterrey de Toluca, Peña Nieto consiguió su primera oportunidad de oro en 1993.

El país era gobernado por Carlos Salinas de Gortari y en el Estado de México se acercaba el final de la administración de Ignacio Pichardo Pagaza, de cara a las elecciones estatales. Fue en este momento cuando Enrique recibió la responsabilidad para gestionar la tesorería de la campaña electoral de Emilio Chuayffet, un rol que aseguraban se ajustaba a su perfil, por los conocimientos que adquirió en los temas económicos durante su paso por la iniciativa privada.

Esas elecciones se llevaron a cabo el 4 de junio de 1993, con Luis Felipe Bravo Mena representando al PAN. A pesar de que el partido de derecha comenzaba a cobrar cada vez mayor relevancia en tierras mexiquenses, Chuayffet arrasó en las votaciones, consiguiendo 1 949 356 votos, es decir, 62.36% de los resultados finales. La campaña fue un éxito rotundo, del que también formó parte el futuro gobernador y presidente de la República.

Chuayffet solo estuvo dos años como gobernador de ese estado, ya que en 1995 el presidente Ernesto Zedillo, al poco tiempo de entrar en función como máxima autoridad del país, lo designó secretario de Gobernación, sexenio en el que también se desempeñó como presidente del Consejo General del Instituto Federal Electoral. En 1998, luego de la matanza de Acteal, Chiapas, Chuayffet tuvo que renunciar, pero la protección y el impulso que le dio a Peña Nieto serían recompensados más tarde.

Este último nunca olvidó la oportunidad que tuvo con Chuayffet. Años después, al anunciar su gabinete presidencial, lo nombró secretario de Educación Pública, un cargo que desempeñó hasta 2015, cuando fue sustituido finalmente por uno de los tres integrantes del círculo cercano a esa presidencia: el hasta entonces jefe de la Oficina de la Presidencia, Aurelio Nuño.

♦♦♦

Tras el desempeño en la campaña de Emilio Chuayffet de 1993 Enrique Peña Nieto se ganó el puesto de secretario particular del titular de la Secretaría de Desarrollo Económico del Gobierno mexiquense, Juan José Guerra Abud, una pieza fundamental en los temas financieros y económicos de la administración del gobernador. Se desempeñó en dicho puesto hasta 1998. Asimismo, en 1996 participó en la creación del Instituto de Capacitación y Desarrollo Económico del Estado de México, el cual se dedicó por muchos años a la formación de cuadros políticos dentro del PRI.

La relación de Peña Nieto con Guerra Abud tampoco quedó en el olvido; en diciembre de 2012 fue nombrado titular de la Secretaría del Medio Ambiente y Recursos Naturales (Semarnat). En paralelo fue designado consejero de Petróleos Mexicanos (Pemex) y de la Comisión Federal de Electricidad (CFE), así como presidente de los Consejos Técnicos de la Comisión Nacional del Agua (Conagua) y de la Comisión Nacional Forestal (Conafor). En 2015 Juan José Guerra Abud presentó su renuncia a la Semarnat; su último cargo político fue como embajador de México en Italia, de 2016 a 2018.

En 1998, ya finalizada su relación laboral con Guerra Abud, Peña Nieto se desempeñó por un corto plazo como secretario general de distintos organismos priistas anexos al Instituto Político Empresarial del Comité Directivo Estatal. Allí pudo de nueva cuenta poner en práctica sus habilidades financieras y de administración de recursos.

♦♦♦

El gran trampolín en el PRI mexiquense llegó en 1999, con su «pariente lejano» y tutor político por excelencia: Arturo Montiel Rojas.

Al igual que con Chuayffet, Enrique Peña Nieto fue designado tesorero de la campaña de Montiel por la gubernatura del Estado de México. La experiencia electoral en esta ocasión fue muy diferente a la de 1993. El PAN amenazaba con colocar en la Presidencia a su candidato Vicente Fox y la oposición se hacía notar en el estado.

El rival de Arturo Montiel en las elecciones para la gubernatura fue el panista José Luis Durán Reveles, quien logró conseguir 1 146 071 votos, equivalentes a 35.46% de los emitidos en la contienda. Del otro lado, Montiel obtuvo 1 371 564 votos; es decir, 42.44% del total. A pesar de tener un triunfo un poco más apretado de lo que el PRI estaba acostumbrado a conseguir, el grupo que llegó al poder estaba preparado para gobernar por dos décadas más.

Después de rendir protesta el 16 de septiembre de 1999 en el Palacio de Gobierno de Toluca, Montiel otorgó a Enrique Peña Nieto un cargo de subsecretario. Lo mantuvo cerca y le abrió todas las puertas para aprender a llevar las riendas del puesto, al igual que para conocer a las personas indicadas con el objetivo de comenzar su ascenso dentro del partido.

Lo nombró su secretario de Finanzas el 11 de mayo de 2000 y ocupó el cargo hasta octubre de 2002. A la par fungió como presidente del Consejo Directivo del Instituto de Seguridad Social del Estado de México, presidente del Consejo Interno de Salud y vicepresidente de la Junta de Gobierno del Sistema para el Desarrollo Integral de la Familia. Con todos estos puestos, Peña Nieto se colocó como una voz autorizada en las diversas áreas de la administración de su padrino político.

Hacia finales de 2002 Peña Nieto estaba listo para dar un paso más, de modo que fue reemplazado como secretario de Finanzas por su mejor amigo de la infancia, Luis Miranda, quien más tarde lo acompañaría como mano derecha en su gubernatura y como secretario de Desarrollo Social durante su presidencia. EPN estaba llamado a convertirse en diputado por Atlacomulco.

♦♦♦

Durante su gestión como secretario de Finanzas Enrique Peña Nieto conoció a Maritza Díaz Hernández, la mujer con la que mantuvo una relación durante nueve años y con la que procreó un hijo, Diego Alejandro Peña Díaz, nacido el 25 de junio de 2004 y reconocido legalmente por su padre en 2010. La historia de Enrique y Maritza es también un ejemplo de la personalidad del expresidente, pues, a pesar de toda la tinta que corrió en los medios sobre sus desencuentros, los dos terminaron estableciendo una relación personal cordial.

Aun en el autoexilio en España y República Dominicana, Peña Nieto mantiene contacto telefónico con Maritza. Nunca ha negado que ella fue una mujer importante en su vida. Sin embargo, la exfuncionaria de la Secretaría de Finanzas del Edomex llegó a comentar entre sus colaboradores y en un video público distribuido en redes sociales que el padre se había olvidado de su hijo. «Enrique es un buen hombre, pero la Presidencia y todos los que están a su alrededor lo hacen actuar de una manera diferente», dijo llorando aquella vez a sus interlocutores en una capacitación para salir a dar entrevistas.

Maritza se refería con esos comentarios a Luis Videgaray y a la ex primera dama de México, Angélica Rivera. Por sugerencia del mismo Videgaray, el entonces secretario de Hacienda fue designado al principio de la administración de Peña Nieto para atender personalmente y darles seguridad a Diego y a su madre, aunque al parecer nunca cumplió, y de esto el padre del menor nunca fue informado.

De lo que sí se enteró Peña Nieto y nunca pudo solucionar fue del rechazo que su esposa, mejor conocida como la Gaviota, mantenía hacia el hijo que tuvo fuera del matrimonio; mucho más grande y evidente que el que pudo llegar a tener la primera esposa del expresidente Mónica Pretelini Sáenz. «Esa mujer y la Presidencia le robaron a mi hijo; le quitaron a su padre», aseguraba entre lágrimas Maritza.

En junio de 2013 Maritza Díaz publicó un video[4] en YouTube para hablar sobre la relación que mantuvo con Peña Nieto durante nueve años y pidió que este se hiciera cargo del hijo que tuvieron. Se refirió a los procesos jurídicos que ha tenido que sortear para lograr la manutención y otras responsabilidades con respecto a Diego Alejandro Peña Díaz.

En el video, con una duración de poco más de cinco minutos y que cuenta con cerca de medio millón de reproducciones, Maritza Díaz habló de una demanda que interpuso contra el entonces presidente de la República, aunque acusó que «la justicia estaba parcialmente a favor de Enrique [Peña Nieto]».

«A ti, Enrique, te quiero pedir cinco minutos de tu tiempo para que los dediques al bienestar de tu hijo; quiero decirte que estoy abierta al diálogo, a conciliar y acordar; tú también te has manifestado a favor del diálogo y la comunicación, por qué no hacerlo para nuestro hijo, que te ama y tú le has dicho que lo amas. Llevas 17 meses que no lo ves y Diego te extraña», concluyó Maritza Díaz en aquel video.

♦♦♦

En las elecciones locales de 2003 Peña Nieto fue nominado como candidato a diputado local para la LV Legislatura, por el Distrito XIII con cabecera en Atlacomulco. En dicha elección local, la primera en su haber, fue capaz de conseguir 41 037 votos, que representaban 52.39% de la votación. Fue un paso determinante en su carrera, que confirmaba su rápido ascenso político.

Ya como diputado, Peña Nieto fue designado coordinador del grupo parlamentario del PRI en la Cámara de Diputados del Estado de México, un puesto que le permitió conocer a los miembros más jóvenes de su partido, para unirlos y liderarlos.

Para ese momento Enrique era ya el «personaje» del PRI en el Estado de México.

Su nombre ganaba presencia incluso a nivel nacional, más por la juventud y dinamismo de su imagen que por los logros en su carrera política y profesional.

Se enfilaba con una velocidad récord a cumplir la primera parte de su sueño, la única que aceptaba como meta desde muy joven: convertirse en gobernador del Estado de México.

3

EL SEXENIO AL FRENTE DEL EDOMEX

Tras su gestión como diputado y coordinador de la bancada del PRI en el Estado de México Peña Nieto manifestó sentirse preparado para convertirse en el gobernador de su entidad. El país se encontraba en una nueva época, una que tenía al panista Vicente Fox en la Presidencia de la República y en la que Andrés Manuel López Obrador, quien estaba próximo a dejar su cargo como jefe de Gobierno del Distrito Federal, ganaba más poder político. El PRI, a su vez, experimentaba rupturas internas y, sin saberlo, comenzaba su decadencia.

En este contexto Peña Nieto arrancó en 2005 su campaña para ser gobernador, con una alianza entre el PRI y el Partido Verde Ecologista de México (PVEM).

A Francisco Guzmán Ortiz, su amigo y colaborador, le atribuye la idea de explotar sus características físicas, así como su habilidad para relacionarse como base del proyecto. El joven economista se desempeñó como jefe de Información y Estrategia durante su campaña, y cuando Enrique se convirtió en presidente, lo nombró coordinador de asesores, entre 2012 y 2016; luego, entre 2016 y 2018 laboró como jefe de la Oficina de la Presidencia en sustitución de Aurelio Nuño.

Peña Nieto recuerda, 18 años después, que su precampaña consistió en eventos temáticos regionales, donde la principal meta era exponer las características de seductor —en el sentido más extenso de la palabra— del candidato.

Acompañado de los presidentes de los comités municipales de su instituto político, Enrique Peña Nieto visitó los 125 municipios del Estado de México, en los que se reunió con la clase política y los líderes locales de las comunidades. En los principales eventos de su campaña siempre estaba acompañado, ya sea por el gobernador, por los exgobernadores o por diputados tanto locales como federales.

Fue en estos eventos donde comenzó a utilizar su conocida frase: «Te lo firmo y te lo cumplo», pues al terminar sus discursos firmaba compromisos en mamparas con la presencia de un notario público.

Al final de esa campaña Peña Nieto había firmado 608 compromisos.

De acuerdo con un artículo publicado por los politólogos Héctor Zamitiz e Irma Peña León,[5] los 608 compromisos que Enrique Peña Nieto hizo durante su campaña, con excepción de la ampliación del Sistema de Transporte Público Metro y el Tren Suburbano, eran acciones que los gobiernos estatales y los municipales debían llevar a cabo como parte de sus funciones; en otras palabras, no eran grandes promesas de cambio. No obstante, a pocos días de la jornada electoral, Peña Nieto lanzó un cálculo en el cual determinaba que, para cumplir con sus más de seiscientos compromisos, sería necesario ejercer un presupuesto mínimo de 5 000 millones de pesos a lo largo de su sexenio.

Entre sus compromisos más destacados estaba el de incrementar la inversión pública en por lo menos 15%, así como un posicionamiento en contra de la pena de muerte y la propuesta para que el penal La Palma fuera administrado por el Gobierno estatal. En ese tiempo, su imagen tapizaba todo el territorio mexiquense; estaba presente en periódicos, espectaculares, autobuses y hasta en los boletos de casetas de peaje y tarjetas telefónicas.

En la estrategia territorial de la campaña se ponía máxima atención a los municipios controlados por el PRD y el PAN; a varios de estos eventos era acompañado por su primera esposa y madre de sus tres primeros hijos, Mónica Pretelini, un activo importante del candidato a gobernador, porque junto a ella, EPN transmitía una imagen de «hombre de familia». Posteriormente, la defunción no aclarada de Mónica significó una crisis y debilidad cuando compitió por la Presidencia.

Desde el inicio de la campaña para la gubernatura del estado fue notable un importante despliegue de recursos económicos en la propaganda que, según se consultó para este texto a una estratega política de la entidad, superó los 1 000 millones de pesos. El plan de acción consistió en alternar la difusión de la imagen del candidato con la de las obras públicas concretadas por la administración de Arturo Montiel.

Tomando en cuenta el gasto permitido por las autoridades electorales, para las elecciones de 2023 en el Edomex, el Instituto Electoral del Estado de México (IEEM) estableció un tope de gasto de 448 millones de pesos para ambas candidatas, Delfina Gómez y Alejandra del Moral. Este monto representó un aumento de 120% respecto al que tuvieron los candidatos a gobernador del pasado proceso electoral, en 2017, el cual fue de 203 millones de pesos.

Así, el día de la jornada electoral, Peña Nieto no olvida que logró hacerse de más de 1 800 000 votos —casi 50% de los votos emitidos— para obtener el triunfo aquel domingo 3 de julio de 2005; en ese ejercicio, el representante del PAN-Convergencia, Rubén Mendoza, obtuvo 936 000 sufragios, mientras que la candidata del PRD, la ahora morenista Yeidckol Polevnsky, logró 918 000 votos.

♦♦♦

Sentado en una mesa de un restaurante de Punta Cana, Peña Nieto no pierde oportunidad de abundar en detalles sobre el desarrollo hotelero de la región; se deja ver entusiasmado hablando de la infraestructura que ofrece el lugar para los turistas, ostentosa en algunos lugares y sencilla en otros más. Como gobernador, Enrique Peña Nieto priorizó la inversión en infraestructura en su estado; de acuerdo con las cifras reportadas en su último informe, a esas tareas se les destinaron más de 120 000 millones de pesos, lo que indicaba que su cálculo inicial se había quedado muy corto.

En su administración destacaron las obras viales, ya que tan solo la red carretera del Edomex se triplicó y se construyeron el Circuito Exterior Mexiquense, que comunica las autopistas México-Toluca, México-Querétaro, Peñón-Texcoco, México-Tuxpan y México-Puebla, a través de las vialidades Carmelo Pérez y Adolfo López Mateos de Nezahualcóyotl; además interconecta las zonas industriales de Cuautitlán Izcalli, Tultitlán, Cuautitlán México y los municipios de Ecatepec e Ixtapaluca.

También se edificaron en esa época el Viaducto Elevado Bicentenario, con el que pretendía resolver el problema de congestión vial en el Periférico Norte; el Mexibús Ciudad Azteca-Tecámac, cuya longitud total alcanzó los 16.3 km para cubrir sus 21 estaciones y tres terminales, y el Libramiento Ruta de la Independencia, que comunica las carreteras México-Toluca, Toluca-Naucalpan y Toluca-Atlacomulco.

Además, se destinaron más de 917 millones de pesos para la edificación del Hospital de Alta Especialidad Bicentenario en el municipio de Tultitlán, una de las APP hospitalarias desarrollada por la firma Prodemex, del empresario Olegario Vázquez Aldir. Asimismo se construyeron el Macrocircuito de distribución de agua potable en Los Reyes La Paz y el Centro Cultural Oriente.

No obstante, al cierre de su administración y de cara al nuevo proceso electoral, el PAN fue el encargado de hacer una primera revisión de las obras prometidas y, de acuerdo con una verificación en sitio a la que denominaron «Tour de la verdad», habría incumplido 123 de los compromisos firmados en los municipios de Tlalnepantla, Cuautitlán, Tultitlán y Coacalco.

Sobre esa evaluación, Luis Videgaray expresó en su calidad de coordinador de la campaña presidencial que «los compromisos están cumplidos, de los 608 solamente en dos fue necesario hacer una sustitución, porque existía una imposibilidad jurídica y técnica para cumplirlos. Los demás compromisos, que son la inmensa mayoría, están cumplidos, están operando y están funcionando en la normalidad de la obra pública».

♦♦♦

En el Edomex, Peña Nieto hizo un ejercicio inicial de lo que luego sería el denominado Pacto por México, un acuerdo político nacional firmado por la mayoría de los partidos, el cual estaba dividido en cinco secciones relacionadas con la democracia, el fortalecimiento del Estado de derecho, la economía, la participación ciudadana y, la más importante, el impulso a las reformas estructurales que, como presidente de la República, promovió EPN.

Apenas tomó posesión del Ejecutivo estatal, el entonces gobernador invitó a los actores políticos locales a dejar atrás las disputas electorales y «pasar a una nueva etapa de acuerdos democráticos».

La invitación a un pacto para el progreso de la entidad no solo fue dirigida a sus entonces adversarios políticos, sino que se extendió a la totalidad de los legisladores locales, a los 125 ayuntamientos, a las organizaciones sociales y al empresariado, para caminar en el mismo sentido sobre ejes de seguridad social, económica y pública.

El llamado a la unidad se hizo en presencia del entonces secretario de Gobernación federal, Carlos Abascal Carranza; del jefe de Gobierno del Distrito Federal, Alejandro Encinas —en interinato por las intenciones de Andrés Manuel López Obrador de competir en 2006 por la Presidencia—; de la lideresa del Sindicato Nacional de Trabajadores de la Educación (SNTE), Elba Esther Gordillo; de la experredista Rosario Robles, del senador panista Diego Fernández de Cevallos y de prácticamente todos los gobernadores del país.

Además, se modelaron en el Edomex bosquejos de las grandes reformas que luego fueron implementadas a nivel federal. Por ejemplo, en el caso de la Reforma Educativa, el exmandatario dijo en su último informe de labores que se buscaba

> una profunda transformación del modelo convencional de formación docente, mediante la incorporación de una visión que intenta recuperar la vinculación que existe entre la teoría y la práctica, las gestiones pedagógica y administrativa, así como la relación entre la escuela y la comunidad.

Lo anterior resulta muy similar a lo establecido como objetivos fundamentales de la Reforma Educativa a nivel federal, cuando se planteó la necesidad de «responder a una exigencia social para fortalecer a la educación pública» y «construir la base jurídica de la cual se carecía para dar curso a la creación de nuevas condiciones para el fortalecimiento del sistema educativo».[6]

En el contexto de la Reforma Educativa que impulsó como gobernador del Estado de México, un detalle que no pasó desapercibido es que, en aquel último informe de labores, en 2011, si bien estuvo presente la entonces lideresa del Sindicato Nacional de Trabajadores de la Educación, Elba Esther Gordillo, esta no fue mencionada en su discurso por Peña Nieto. Dos años después, al inicio del gobierno federal del priista, sería encarcelada por supuestos desvíos de recursos públicos del sindicato.

Lo cierto es que dicha reforma, que Peña Nieto recuerda como la primera que impulsó en conjunto con los otros partidos cuando llegó a la Presidencia, terminó siendo derogada en mayo de 2019, ya con Andrés Manuel López Obrador como jefe del Ejecutivo, sobre todo por su apartado en lo relativo a la centralización del pago de la nómina.

Algo parecido ocurrió con la Reforma Eléctrica que, en su carácter federal, permitiría

> modernizar nuestra industria energética, volverla más competitiva y devolverle su carácter de palanca de desarrollo. Con la Reforma Energética se incrementará la renta petrolera del Estado, se impulsará el crecimiento económico, se crearán empleos, se fortalecerá a Pemex y a la CFE, para que los mexicanos tengamos acceso a energéticos y electricidad de menor costo y más competitivos.

En el Edomex, los trabajos en materia eléctrica estuvieron encaminados a garantizar el abasto «que requiere el desarrollo económico de la entidad, a fin de alcanzar el crecimiento social, económico e industrial»; esto, de acuerdo con el exmandatario, iba a ofrecer a los ciudadanos mexiquenses opciones para un desarrollo sustentable que mejorara su calidad de vida.

♦♦♦

Desde su gabinete mexiquense, Enrique Peña Nieto comenzó a perfilar a los personajes que posteriormente llegarían a cubrir los mismos encargos a nivel federal.

Fue una minoría la que se integró a su gobierno federal en 2012 en puestos de confianza sin tener una relación cercana con él; por ejemplo, el exdirector general de Pemex, Emilio Lozoya. Los demás eran viejos conocidos, a los que fue evaluando en el transcurso del gobierno estatal.

En su primer año de gestión, Víctor Humberto Benítez se desempeñaba como secretario general de Gobierno; posteriormente sería sustituido por su gran amigo Luis Miranda, quien concluyó la administración en ese encargo.

Luis Videgaray comenzó la administración mexiquense como secretario de Finanzas, para luego ser relevado por Raúl Murrieta al término del sexenio priista.

Quienes conocen la labor que desempeñó Murrieta Cummins en lo sucesivo en el Gobierno federal —una especie de operador del propio Videgaray en la Secretaría de Comunicaciones y Transportes— saben que las riendas de esa importante dependencia las tuvo siempre la misma persona; es decir, el secretario de Hacienda tenía sus tentáculos en la mayoría de las dependencias federales, sobre todo las que concentraban una buena tajada del presupuesto público y, por tanto, atraían más intereses de personajes poderosos, como empresarios, grupos financieros y políticos.

María Elena Barrera inició el gobierno como secretaria de Salud, luego dio paso a Gabriel O'Shea; mientras, en la

Procuraduría General de Justicia comenzó Abel Villicaña, luego fue designado Alberto Bazbaz, y posteriormente Alfredo Castillo. Desde el principio hasta el final de la administración, David Korenfeld fue nombrado secretario del Agua y Obra Pública, y Gerardo Ruiz Esparza se desempeñó como secretario de Comunicaciones; asimismo, Erwin Lino se mantuvo como secretario particular del entonces gobernador.

La mayoría de los personajes que acompañó en esta etapa a Enrique Peña Nieto le ocasionó distintas crisis, ya sea en el estado o más adelante durante su administración federal. Uno de los casos más representativos de su sexenio como gobernador fue el de la investigación por la muerte de la menor Paulette Gebara Farah, de la que eran responsables Alberto Bazbaz como titular de la Procuraduría mexiquense y Alfredo Castillo como subprocurador.

Los resultados del caso Paulette valieron la renuncia del primero, quien posteriormente se convertiría en titular de la Unidad de Inteligencia Financiera del Gobierno federal; en tanto, Castillo Cervantes se mantuvo en la entonces Procuraduría mexiquense como titular, para luego convertirse en director de la Comisión Nacional de Cultura Física y Deporte (Conade) en la administración federal de Peña Nieto, puesto en el que de nueva cuenta generó múltiples polémicas, como la acreditación de una exreina de belleza como parte del *staff* oficial mexicano en los Juegos Olímpicos de Brasil. Antes, Castillo pasó con más pena que gloria por la Procuraduría Federal del Consumidor y por la Comisión para la Seguridad y Desarrollo Integral de Michoacán.

En el caso de David Korenfeld, más tarde designado titular de la Comisión Nacional del Agua (Conagua), le generaría a mitad de sexenio una gran crisis al Gobierno encabezado por Peña Nieto luego de ser captado utilizando de manera personal un helicóptero oficial para trasladarse, junto con su familia, de Huixquilucan al Aeropuerto Internacional de la Ciudad de México (AICM).

Por su parte, Gerardo Ruiz Esparza le ocasionaría un problema adicional a su de por sí criticada administración federal, tras la tragedia que terminó con la vida de dos personas al abrirse un socavón en el Paso Exprés de Cuernavaca. Tres años después de la muerte del exfuncionario por un infarto cerebral, Peña Nieto todavía lo recuerda como un «gran amigo y excolaborador, gran ser humano y servidor público de excelencia».

En cuanto a Luis Videgaray, el hombre más cercano a Peña Nieto, son varios los eventos críticos relacionados con su gestión; entre ellos la invitación al entonces candidato presidencial republicano Donald Trump a México, en septiembre de 2016. El encuentro en Los Pinos se dio previo a las elecciones en Estados Unidos, en cuya campaña el candidato dijo que los mexicanos «no eran sus amigos», además de que estigmatizó a los migrantes llamándolos «violadores, estafadores y traficantes». Luego de la visita a Los Pinos, Trump reiteró que México pagaría el muro fronterizo que prometió construir.

La invitación derivó en la salida de Videgaray del gabinete presidencial. Desde Punta Cana, Peña Nieto reflexionó sobre aquella crisis política. Calculó con frialdad que dicha visita le costó alrededor de 15 puntos de popularidad. Y también narró cómo se vivió esa turbulencia en Los Pinos. En aquellos momentos la relación entre Videgaray y el entonces secretario de Gobernación, Miguel Ángel Osorio Chong, ya era muy mala. Ambos se enfrascaron en una lucha de poder y popularidad. Cada uno quería ser quien tomara las decisiones más relevantes en el Gobierno.

El día que Trump aterrizó en el Aeropuerto Internacional de la Ciudad de México, Osorio Chong se apersonó en la oficina de Peña Nieto. Le pidió no recibir al candidato republicano. «Me dijo: "Por favor, no lo recibas, porque se va a volver un caos"», recuerda. Pero Trump ya se dirigía en un helicóptero hacia Los Pinos. El presidente se sinceró: «Sé que no es lo mejor, pero tengo que verlo y luego vemos cómo resolvemos la crisis». La solución fue la renuncia de Luis Videgaray a la Secretaría de Hacienda; más tarde se reincorporaría al Gobierno como canciller.

Peña Nieto también reveló que, una vez instalado en la Presidencia, Donald Trump lo invitó a jugar golf a Camp David, en Maryland, donde se encuentra la casa de descanso de los presidentes estadounidenses, pero lo rechazó. También reconoció que la visita de Trump a México afectó su relación con el presidente Barack Obama y con la familia Clinton, con quienes, dijo, se llevaba muy bien hasta antes de ese episodio.

A Luis Videgaray también le estalló un escándalo relacionado con la adquisición de una casa de descanso en Malinalco, propiedad del Grupo Higa, un antiguo contratista del Estado de México que también vendió la «Casa Blanca» a Enrique Peña Nieto. El empresario Juan Armando Hinojosa, amigo de ambos, les vendió dichas propiedades al tiempo que ganaba contratos multimillonarios en la administración, como el relacionado con la construcción del Tren México-Querétaro por 4 800 millones de dólares, asignado a un consorcio chino en el que participaba una subsidiaria de Higa. El proyecto nunca se llevó a cabo, entre otras razones por la presión de Estados Unidos y el escándalo de la Casa Blanca.

♦♦♦

Mi entrevista con Peña Nieto siguió después de una sobremesa en la que se abordaron episodios de crisis sociales tanto en México como en otros países, tales como la explosión en Tlahuelilpan, Ayotzinapa, Aguililla y algunos otros. El expresidente comenzó rememorando que, al frente de la administración mexiquense, tuvo su propia crisis social y de derechos humanos: San Salvador Atenco.

A menos de un año de que tomara posesión como gobernador del Edomex, el 3 y 4 de mayo de 2006 tuvo lugar un operativo policial en las localidades de Texcoco y San Salvador Atenco, Estado de México, cuyo objetivo era terminar con un movimiento de protesta surgido como oposición a un proyecto para construir el nuevo aeropuerto en ese municipio.

Durante la redada, en la que participaron alrededor de 2 000 uniformados, murieron dos personas, decenas resultaron heridas y 11 mujeres fueron detenidas por la policía estatal y municipal, estas últimas fueron torturadas sexualmente durante la detención y el traslado. La Comisión Nacional de Derechos Humanos enlistó la existencia de ilícitos como detenciones arbitrarias, violación, tortura, retención ilegal, allanamiento e incomunicación como parte de las conductas de los elementos involucrados.

La Corte Interamericana de Derechos Humanos dictó medidas para la reparación de daños, que iban desde atención médica e indemnizaciones de 15 000 hasta 30 000 dólares. Fue hasta 2009 cuando el gobernador Peña Nieto se pronunció sobre la barbarie en Atenco, cuando admitió que se cometieron violaciones graves a los derechos humanos de los detenidos y de los pobladores de esa comunidad mexiquense. Sin embargo, el entonces mandatario estatal reiteró la necesidad del uso de la fuerza pública para restablecer el orden y atribuyó los conocidos hechos a la actuación individual de algunos elementos.

Peña Nieto acepta que es prácticamente imposible controlar y supervisar la actuación de todos los cuerpos de seguridad cuando se ordena el uso de la fuerza. Incluso ahora no alcanza a comprender cuál fue la actuación real de los militares durante la trágica noche de Ayotzinapa.

4

ACUERDOS POLÍTICOS PARA LLEGAR A LOS PINOS

Durante su último año de gobierno federal, en 2012, y tras haber emprendido una interminable y sangrienta guerra contra el narcotráfico y el crimen organizado, la desaprobación del presidente Felipe Calderón alcanzaba 46%. Este hecho abrió la posibilidad al PRI de volver al poder con un rostro renovado.

Una nueva generación de priistas que prometía no repetir los errores cometidos por su partido durante setenta años de gobierno era la apuesta para regresar a Los Pinos.

Enrique Peña Nieto, de 46 años, y tras terminar su periodo como gobernador del Edomex en 2011, fue el elegido para esa misión, pese a que un sector del partido encabezado por Roberto Madrazo pugnaba por la postulación del entonces senador Manlio Fabio Beltrones, un priista de amplia trayectoria y experiencia política, contemporáneo del entonces presidente del partido. Madrazo y Beltrones se llevan apenas un mes de diferencia. En 2012 ambos tenían 60 años de edad.

Para el nombramiento formal, el PRI definió que su abanderado surgiría de una elección directa entre sus militantes y simpatizantes, la cual ni siquiera se tuvo que llevar a cabo porque Manlio Fabio Beltrones declinó por el joven y fotogénico Enrique Peña Nieto, quien para entonces ya imantaba a una buena parte de la sociedad, salía en las portadas de las revistas del corazón y las televisoras lo seguían a todos lados.

El PRI-PVEM definió como su candidato a Enrique Peña Nieto el 21 de noviembre de 2011. El PRD-PT-MC se decantó por Andrés Manuel López Obrador el 15 de noviembre de 2011, cuando se anunció que las encuestas lo favorecían y Marcelo Ebrard reconoció ese resultado.

El 17 de diciembre Enrique Peña Nieto recibió la constancia que lo acreditó como candidato del Partido Revolucionario Institucional para la Presidencia de los Estados Unidos Mexicanos durante el periodo constitucional 2012-2018.

Aquella vez inició su discurso diciendo:

> Este es el tiempo de todos los que queremos un país exitoso, triunfador; es el momento de todos los que estamos listos para asumir plenamente un Compromiso por México [...] Lo que no se me olvida es la violencia, la pobreza y la desesperanza que vive México. Lo que no se me olvida es el estancamiento económico, el desempleo y falta de oportunidades que se padecen en nuestro país desde hace más de una década. Lo que no se me olvida es que más de 50 000 000 de mexicanos viven lamentablemente en pobreza.[7]

En una muy clara alusión a la estrategia de seguridad calderonista de la que quería distanciarse, Peña Nieto declaró:

> No se me olvida el dolor de las familias que han perdido a sus seres queridos, por el ataque impune de los criminales. A mí no se me olvida la mirada de desesperación de la mujer que mantiene el hogar y no encuentra un empleo; la impotencia que sufre al no poder llevar sustento para sus hijos. A mí no se me olvida la frustración de millones de jóvenes, que habiendo estudiado no encuentran un empleo digno.

Aún recuerda haber citado una frase sobre lo que debía tener presente todo gobernante cuando asume su cargo: escuchar a la gente, asumir por completo sus responsabilidades, pero sobre todo cumplir con sus compromisos. «Así lo hice durante seis años como gobernador y, con el apoyo de la sociedad mexicana, aspiro a seguir haciéndolo como el presidente de la República. Como presidente, no olvidaré que México merece paz y tranquilidad», mencionó entonces.

En el evento que se realizó en la explanada de la sede priista, en Insurgentes Norte 59, en la Ciudad de México, estuvieron presentes los integrantes del Comité Ejecutivo Nacional, cuyo presidente en aquel momento era Pedro Joaquín Coldwell, quien más tarde se convertiría en su secretario de Energía, así como los líderes de los sectores obrero, Joaquín Gamboa Pascoe; campesino, Gerardo Sánchez, y popular, Emilio Gamboa Patrón.

Para entonces Peña Nieto había tejido una red de apoyo con varios de los 18 gobernadores con los que había coincidido en su periodo de mandato estatal, como Miguel Ángel Osorio Chong, de Hidalgo, quien posteriormente sería nombrado secretario de Gobernación. Además, había sido impulsado sobre todo por el exgobernador mexiquense Arturo Montiel y por Jesús Murillo Karam, Chucho, como lo llama todavía el expresidente.

♦♦♦

Existen dos trabajos editoriales sobre el expresidente Peña Nieto que sobresalen: *La historia detrás del desastre,*[8] de

Roberto Rock, y *El amasiato: El pacto secreto Peña-Calderón y otras traiciones panistas,*[9] de Álvaro Delgado, en los que se refiere a un presunto acuerdo entre el priista y el panista Felipe Calderón para consolidar su llegada al Ejecutivo. Este fue uno de los temas en los que Peña Nieto profundizó durante nuestras entrevistas, y aunque reconoció que siempre tuvo una relación cordial con los expresidentes panistas, prefería no verlos, en especial a Calderón.

«Procuré a todos los expresidentes; los veía, les hablaba, por un tema de atención política. Calderón fue el más hosco», me confió el exmandatario, para luego negar la teoría avalada por testimonios de personas cercanas a él que apuntan a que su arribo a la silla presidencial fue resultado de un pacto con el PAN.

«Es una especulación que hubiera un acuerdo con él, es completamente absurdo», me dijo tajante. Incluso recordó que el panista se mostraba crítico a las acciones de su gobierno a través de mensajes de Twitter, por lo que fue necesario enviar a Luis Videgaray, quien lo conocía de sus tiempos como director de Finanzas Públicas de la empresa de consultoría Protego Asesores, con el siguiente mensaje: «El respeto que tenga a mi gobierno será el que le tenga mi gobierno a él», palabras suficientes para que las críticas cesaran.

Al respecto, Peña Nieto relató:

> No me dediqué a perseguirlo. Tan es así que se fue un año a dar clases a Estados Unidos y el acercamiento con la dirigencia del PAN y del PRD se dio durante los cinco meses de transición cuando decidimos impulsar las reformas; la Educativa fue la primera.

Para mantener la cordialidad con sus antecesores recuerda haber pensado en reunir a gran cantidad de expresidentes, lo que luego descartó por la complejidad de las agendas y el posible impacto mediático que tal evento conllevaría.

No obstante, existe suficiente literatura, además de los testimonios recabados para este trabajo, que apuntan a la consolidación de varios acuerdos en diferentes círculos políticos y económicos, con el objetivo de llevar al mexiquense a la silla presidencial.

El momento de la presunta negociación ha sido descrito con lujo de detalle por el periodista Álvaro Delgado, tanto en la revista *Proceso* como en su libro *El amasiato*. De tal manera, es sabido que se realizó una reunión en Polanco, en la Ciudad de México, donde estuvieron Peña Nieto acompañado por Luis Videgaray y Jesús Murillo Karam, así como Felipe Calderón con el finado Juan Camilo Mouriño, quien fue su secretario de Gobernación, y Ulises Ramírez, un exlíder panista del Estado de México.

Conforme a las fuentes, el acuerdo consistió en la transferencia de 200 000 votos a Calderón en las elecciones presidenciales de 2006, provenientes del Estado de México, lo que terminaría por definir el triunfo del panista, con solo 0.56% de ventaja porcentual sobre el candidato de izquierda, Andrés Manuel López Obrador.

A cambio de esto, Felipe Calderón se comprometía a conceder favores a gobernadores aliados durante su periodo presidencial, quienes debían contactar a Juan Camilo Mouriño para hacer llegar sus peticiones, además de facilitar la sucesión presidencial a favor de Enrique Peña Nieto en las siguientes elecciones presidenciales.

Durante su gubernatura, Peña Nieto destinó esfuerzos para dar continuidad y fortalecer la red de alianzas políticas que lo llevaron a ese cargo; como hasta ahora, siempre fue un hombre de trato fácil y se valió entonces de su habilidad natural para hacer política.

Esto, en paralelo a la bonanza que vivían los estados, resultado de la aprobación de reformas durante el periodo de Fox, que permitían la transferencia de partidas del presupuesto federal sin supervisión de su ejecución, permitió que los fondos del erario fueran administrados a conveniencia de los gobernadores.

Roberto Rock, en su libro *La historia detrás del desastre*, enlista a 11 gobernadores que habrían apoyado financieramente con recursos públicos la campaña presidencial de Peña Nieto, con la promesa de «recuperar la inversión». El autor menciona a Carlos Lozano, de Aguascalientes; César Duarte, de Chihuahua; Jorge Herrera, de Durango; Francisco Olvera, de Hidalgo; José Calzada, de Querétaro; Roberto Borge, de Quintana Roo; Egidio Torre Cantú, de Tamaulipas; Mariano González Zarur, de Tlaxcala; Javier Duarte, de Veracruz; Ivonne Ortega, de Yucatán, y Miguel Alonso Reyes, de Zacatecas.

De acuerdo con esta versión, el encargado de recolectar el dinero fue su homólogo de Hidalgo, Miguel Ángel Osorio Chong, por medio de Nuvia Mayorga, su operadora financiera, mientras que Luis Videgaray se encargaba de ejercer presión cuando los gobernadores no alcanzaban la cuota.

Otros políticos que habían logrado puestos de elección popular por otros partidos se habrían sumado al «pase de charola», como Gabino Cué, de Oaxaca de la alianza del PAN y PRD; el panista Rafael Moreno Valle, de Puebla, y Mario López Valdez de Sinaloa de la alianza PAN, PRD y Convergencia.

♦♦♦

Al tiempo que se ponía en marcha el engranaje con aliados partidistas, el gobernador mexiquense estrechaba lazos a su vez con círculos empresariales y medios de comunicación.

Conocedor de la importancia de la imagen pública, EPN aprovechó los recursos a su alcance —su juventud, carisma, empatía y el hecho de haber gobernado la entidad más poblada y con más presupuesto del país— para colocarse en la preferencia de los ciudadanos, incluso años antes de las elecciones presidenciales.

Alguien que estuvo en una mesa en la que, tras enviudar en 2007, con algunos empresarios se discutía la futura y necesaria relación romántica del expresidente. Ese personaje confió para este libro que el primer objetivo era conquistar a la conocida cantante Lucero Hogaza, quien fuera la encargada de promover los logros del Gobierno mexiquense en 2008 y 2009 por medio de *spots* televisivos.

«Lucerito» sí llegó al Estado de México a entrevistarse con el entonces gobernador, pero lo hizo para suceder a la también actriz Angélica Rivera en la vocería de los logros del Gobierno estatal como parte de la campaña Compromisos Cumplidos.

La participación de la Gaviota —como se conoció a Angélica Rivera tras el protagónico en una telenovela donde su personaje llevaba ese nombre— en la propaganda mexiquense terminó por abril de 2008; luego, entre julio y agosto de ese año, el expresidente y la actriz se comenzaban a dejar ver juntos en restaurantes de la capital del país, hasta que el propio político confirmó su relación en una entrevista con las periodistas Sabina Berman y Katia D'Artigues.[10]

Toda su relación fue estratégicamente dosificada como una novela.

El público solía estar expectante a los avances del romance más famoso de la política en ese entonces. El expresidente recuerda que el anuncio de su compromiso se dio desde el Vaticano, luego de que le pidiera matrimonio a la actriz en la Basílica de San Pedro, en diciembre de 2009.

La fecha de la boda fue fijada para el 27 de noviembre de 2010. Con anticipación ambos sabían que la boda civil estaría a cargo de José Luis García, Juez Uno del registro civil. En tanto, el arzobispo Constancio Miranda oficiaría la misa en la Catedral de Toluca.

♦♦♦

Enrique Peña Nieto, como buen alumno de la escuela priista, conocía la importancia de los discursos en la vida política. Entre los más recordados está el que ofreció durante su último informe de gobierno como mandatario estatal, en el cual ya se perfilaba para competir por la Presidencia de la República, por lo que ensayó su mensaje un día antes, en el Teatro Morelos de la capital mexiquense, junto a su equipo más cercano.

Enfundado en un traje negro, camisa blanca y corbata roja a rayas, y acompañado de sus hijos y de su esposa Angélica Rivera, Peña Nieto rindió su último informe como gobernador, en el teatro Morelos en Toluca, el 5 de septiembre de 2011.

De acuerdo con el análisis realizado por Nelson Arteaga y Javier Arzuaga en su trabajo «Iconología de un precandidato presidencial: el último informe de Peña Nieto como gobernador», el discurso de ese día transcurrió justo como estaba planeado.

El tedio quedó atrás cuando a través de su «mensaje político» dejó claro a militantes y simpatizantes de su partido sobre los pasos a seguir en los próximos meses; mensaje que los medios de comunicación se encargarían de difundir a todo el país. A través de cuatro anuncios clave, comunicaría las razones por las cuales superaba al senador Manlio Fabio Beltrones para aspirar a la candidatura.

En primer lugar, resaltó el apoyo familiar brindado por su entonces esposa, Angélica Rivera, a quien agradeció por su cariño y fortaleza, seguido por el reconocimiento como el «motor de su vida» a sus hijos; asimismo enfatizó el gran profesionalismo de su gabinete, al cual dijo que tenía gran estima, constatando así la solidez de su red cercana tanto personal como profesional.

Elogió su capacidad de gestionar y hacer política, enalteciendo su lealtad hacia el PRI y agradeciendo los alcances obtenidos en conjunto en el Estado de México; esta parte fue crucial, ya que generó un aplauso espontáneo que le obligó a interrumpir su discurso. Una vez finalizada la ovación aclaró que su origen partidista no fue obstáculo para servir a todos los habitantes del estado, reafirmando así la importancia de la pluralidad política y social en una democracia.

Enfatizó que la democracia y el carácter republicano del país habían dejado de ser una aspiración para el pueblo mexicano, pues se habían logrado y como ejemplo estaba la colaboración y el respeto mostrado por su administración hacia el gobierno del presidente Felipe Calderón.

Por último, estableció la necesidad de un liderazgo encabezado por una nueva generación definida por una visión política innovadora, donde la juventud respaldada por la experiencia marcaría una novedosa ruta de oportunidades para el país.

Con frases como «no condenar al pasado sino ver hacia adelante» pedía a la población la oportunidad para demostrar que un PRI renovado llevaría a la nación por un camino de crecimiento y desarrollo.

Al término del discurso las cámaras de televisión enfocaron de manera estratégica la mesa donde estaba colocado el libro con carátula en oro que decía: «Compromiso. Gobierno que cumple», enviando el mensaje de haber consumado los 608 compromisos firmados ante notario público y que de acuerdo con sus palabras «cumplió cabalmente».

Fue despedido por invitados de diferentes sectores, entre aplausos, saludos y sonrisas. Quienes estuvieron ahí dicen que se escuchaban expresiones como «Es un chingón, tenía que ser de Atlacomulco», «Cómo ha crecido y madurado», «No hay quien lo detenga».

Ese día, Enrique Peña Nieto logró posicionarse como el candidato presidencial inevitable y necesario del priismo, con el que conseguirían volver a Los Pinos y quedarse por muchos años más. Lo que ocurrió después llevó al declive a ese partido político hasta convertirlo ahora en una fuerza política desahuciada; sin embargo, es un hecho que en ese entonces los priistas estaban convencidos de haber encontrado en el gobernador mexiquense su pase de regreso al más alto puesto de poder político en el país.

5

CREANDO AL «NUEVO PRI»

Enrique Peña Nieto declaró en alguna ocasión que «un presidente no tiene amigos», pero indiscutiblemente la carrera de un político no existiría sin una red de colaboradores «confiables» —o al menos así lo deben parecer—, aunque la historia demuestra que, en efecto, la confianza es un elemento de mucho riesgo en esas altas esferas del poder.

Para un político ambicioso es indispensable rodearse de personas que, a través del tiempo, le hayan demostrado lealtad y que además tengan una preparación suficiente, capacidad, destreza y experiencia para desempeñar las tareas encomendadas. El expresidente recordó para este texto la relevancia de su equipo de trabajo en su carrera política, así como los factores que determinaron el puesto que le asignaría a cada pieza durante su mandato.

En el sexenio de Peña Nieto se reconoce la presencia y el funcionamiento de un tridente de personajes que integraban el primer círculo de la Presidencia y que contaban además con la buena estima y amistad del titular del Ejecutivo: Luis Videgaray Caso, Miguel Ángel Osorio Chong y Aurelio Nuño Mayer, quienes tomaron posiciones estratégicas en el Gobierno de lo que se daba a conocer como el «nuevo PRI», con figuras jóvenes y preparadas que prometían llevar al país a la modernidad y la prosperidad.

No obstante, y aunque en cada uno de los momentos del sexenio se aseguraba la posibilidad de que un futuro relevo presidencial recayera en los integrantes de este tridente, entre ellos se colocó una figura transexenal: José Antonio Meade Kuribreña, quien se ganó la confianza del presidente y en un escenario de crisis para el partido fue designado en las postrimerías del sexenio como candidato presidencial, con las reservas de que para ese momento ya era imposible revertir la tendencia triunfante de Andrés Manuel López Obrador.

♦♦♦

Luis Videgaray

El caso de Luis Videgaray es el más interesante, pues se considera a este «el verdadero poder detrás del trono». Fue el artífice de los más grandes logros del gobierno de Enrique Peña Nieto, al asumir el liderazgo en la redacción de las llamadas reformas estructurales, y al mismo tiempo de sus más rotundos fracasos, al sugerir invitar a México al entonces candidato a la Presidencia de Estados Unidos, Donald Trump. La influencia que el secretario de Hacienda ejercía sobre el presidente, relatada con desdén en múltiples ocasiones por otros integrantes del gabinete, también era identificada por la prensa internacional, que en los primeros años del sexenio señaló a Videgaray como figura central de lo que se consideraba económicamente como un «Mexican Moment».

Fue integrante del Partido Revolucionario Institucional desde 1987, cuando participó en el Frente Juvenil Revolucionario. Conoció a Peña Nieto años después, en la década de los noventa, cuando dirigía el área de Finanzas Públicas de Protego Asesores, la firma propiedad del exsecretario de Hacienda, Pedro Aspe Armella.

En 2005, con la llegada de Enrique Peña Nieto al Gobierno del Estado de México, se une al gabinete, colaborando en el manejo de deuda de la entidad. Sus buenos resultados lo convirtieron en la estrella de la administración pública estatal, primero como secretario de Finanzas y luego como enviado al Congreso de la Unión a una diputación federal, cargo en el que obtuvo la presidencia de la Comisión de Presupuesto y Cuenta Pública.

Peña Nieto lo admiraba en aquellos años y se percibía todavía algo de esa admiración en las pláticas que tuvimos. Por ello lo colocó como coordinador de campaña de Eruviel Ávila Villegas en 2011, para asegurar la permanencia del PRI en la contienda electoral de la entidad mexiquense.

Incluso fue Luis Videgaray quien recomendó a su jefe en aquel momento «sacrificar» a su primo, Alfredo del Mazo Maza. En aquel año y para sustituirlo en la gubernatura del Estado de México Peña Nieto debió ungir como candidato del PRI, en lugar de a su familiar, a un muy bien posicionado Eruviel, quien amenazaba con competir como abanderado por el PAN; lo que representaba un gran riesgo de perder el control de la entidad con más votantes del país (casi 13 000 000). A la postre la decisión fue la acertada, ya que consiguieron retener el Edomex por 12 años más, además de que colocaron finalmente como candidato en la elección estatal del siguiente sexenio, la de 2017, a la otra generación de los Del Mazo.

Más tarde, en 2012, Videgaray fue el coordinador de la campaña presidencial de Enrique Peña Nieto, en la que mantuvo contacto directo con los gobernadores aliados para llevar a cabo la implementación de estrategias políticas. Era el momento de cobrar favores, toda vez que el Estado de México, con la visión de encabezar una alianza para regresarle al PRI las riendas del poder, apoyó las campañas de los mandatarios priistas, incluso de personajes tan oscuros como Javier Duarte en Veracruz, César Duarte en Chihuahua, Roberto Sandoval en Nayarit y Roberto Borge en Quintana Roo. Al parecer, según los comentarios del propio Peña, nunca tuvieron conciencia de los niveles de corrupción que estos jóvenes gobernantes alcanzarían; algo parecido a lo que sucedió con Emilio Lozoya.

Los cuatro gobernadores arriba mencionados terminaron por pisar la cárcel. Javier Duarte fue detenido en Guatemala el 15 de abril de 2017, acusado en un principio por el delito de desaparición forzada de personas; César Duarte fue aprehendido en Florida el 8 de julio de 2020, señalado por peculado y asociación delictuosa; el 6 de junio de 2021, día de una elección federal para integrar el Congreso, Roberto Sandoval cayó preso en Linares, Nuevo León, procesado por operaciones con recursos de procedencia ilícita, y acusado por peculado, desempeño irregular de la función pública y delincuencia organizada; Roberto Borge fue apresado en Panamá el 4 de junio de 2017.

Luis Videgaray fue un factor importante, quizá el mayor de ellos, para el triunfo en las elecciones de 2012. Peña Nieto lo reconoce, por ello le entregó la coordinación de políticas públicas en el equipo de transición y, más tarde, el presidente le encomendó la Secretaría de Hacienda y Crédito Público, desde donde se dispuso a controlar prácticamente todas las secretarías de Estado y a ejercer una especie de subgobierno.

A pesar de que Peña Nieto sabía que en todo equipo de trabajo debían existir contrapesos, los resultados que le entregaba Videgaray, espectaculares ante los ojos del mundo, no le dejaron opción más que entregarle cada vez más poder y libertad.

Sus habilidades como un gran operador fueron conocidas y reconocidas por todo mundo, así como la importancia de su interlocución con los legisladores durante la negociación de la Reforma Energética y la Reforma Fiscal. Durante el primer periodo gubernamental Luis Videgaray logró el convencimiento de propios y extraños de que las reformas estructurales conllevarían al desarrollo económico del país, recibiendo incluso reconocimientos internacionales como:

- «Secretario de Finanzas del año 2014» a nivel global y para las Américas, por parte de la revista británica *The Banker*, por desarrollar un papel clave en fomentar la productividad y el crecimiento económico para reducir la pobreza, a través de las reformas aprobadas en el Congreso de la Unión.
- «Ministro de Finanzas del año 2014» por la revista *Euromoney*, perteneciente al grupo editorial Euromoney Institutional Investor Plc, publicación con amplio reconocimiento en el sector financiero y bancario a nivel internacional.
- Fue incluido en la lista de los «100 Pensadores Globales de 2014», en la categoría de Toma de Decisiones por Re-energizar a México, de la revista bimestral estadou-

nidense especializada en temas de política internacional y economía *Foreign Policy*.

Su buena racha en la hacienda pública terminó en 2016, cuando se vio obligado a renunciar al puesto, después de que se revelara que él había sido quien convenció a Enrique Peña Nieto de invitar a territorio mexicano a los dos candidatos presidenciales de Estados Unidos, antes de las elecciones del 8 de noviembre de ese año en el vecino país. Desafortunadamente, el candidato republicano, Donald Trump, fue el único que aceptó la cortesía justo cuando la opinión pública en México rechazaba la postura racista que mostraba el candidato empresario en sus discursos.

«Esa visita me costó políticamente como 15 puntos de popularidad; a Luis le costó la salida de la Secretaría de Hacienda, fue quien pagó los platos rotos», reconoció el exmandatario siete años después de lo ocurrido. Sin embargo, dijo que a pesar de la crisis provocada por aquella decisión no todo fue negativo: «Salió un desastre, pero a la postre no fue tan mala, porque sentó las bases de una buena relación política».

Peña Nieto aseguró que recibió versiones directas de diplomáticos estadounidenses respecto a que Trump quedó plenamente agradecido con el Gobierno de México. «Tuvo una entrada muy complicada con todo el mundo y contigo se lleva bien, me dijeron. Ya siendo presidente, los países con los que le gusta tratar son Israel, con Netanyahu, y con México; con los demás estaba de jeta». Para Peña, el logro de generar una buena relación con el empresario fue determinante para perdurar los acuerdos comerciales y la inversión estadounidense en el país.

Al final, lo que alejó a Videgaray de la Secretaría de Hacienda tiempo después lo volvió a colocar en una secretaría de Estado: la llegada a la Presidencia de Estados Unidos de Donald Trump. Luis Videgaray fue designado como titular de la Secretaría de Relaciones Exteriores, puesto en el que tuvo bajo sus responsabilidades la interlocución con el equipo del estadounidense en la renegociación del Tratado de Libre Comercio de América del Norte (TLCAN).

Las negociaciones que correspondieron al llamado «hombre fuerte» del gobierno de Peña Nieto no se limitaron al ámbito internacional; durante los últimos años del sexenio peñista a Videgaray le correspondió elegir el candidato del PRI, negociar un presunto apoyo al equipo de Andrés Manuel López Obrador y garantizar para él y para su jefe una salida tersa de las funciones de gobierno.

♦♦♦

Miguel Ángel Osorio Chong

En una lógica de contrapesos en los equipos de trabajo, frente a la imponente y poderosa figura de Luis Videgaray tan solo podía encontrarse otro personaje que reuniera las características de confianza y experiencia en la administración pública. De hecho, gracias a una mayor capacidad política que el perfil financiero del «hombre fuerte», muchos consideraban a Miguel Ángel Osorio Chong como la mano derecha de Enrique Peña Nieto; incluso el propio expresidente destaca su arrojo para solucionar presencial y personalmente los conflictos sociales.

Osorio Chong es descendiente de un inmigrante chino que arribó al puerto de Manzanillo, Colima, en la década de los treinta. Su abuelo tenía una cafetería en el centro de Pachuca, donde conoció a su esposa y formó una familia de la que nació María Luisa Chong Chávez, madre del político. Cuentan que después el abuelo decidió regresar a su natal China, abandonando a su familia, y fue la abuela quien se hizo cargo del negocio, pero ante los insuficientes ingresos la madre de Chong y su familia se vieron en la necesidad de lavar ajeno. El origen humilde del hidalguense es indiscutible, muy diferente a la realidad que vivieron sus compañeros del Estado de México.

No obstante, con el paso del tiempo la familia logró colocarse en puestos del sector público. Eduardo Osorio Hernández, padre del exsecretario de Gobernación, con estudios truncos de medicina y luego de probar suerte en varios empleos, logró hacerse de un puesto en el Instituto Mexicano del Seguro Social (IMSS), donde gracias al sindicato tuvo una larga y productiva carrera, de la que también participaron su esposa e hijos.

La carrera política de Osorio Chong en el PRI empezó en 1991, cuando fue encargado de Prensa y Propaganda del candidato priista al municipio de Pachuca, Mario Viornery Mendoza. De ahí, y después de participar en la administración municipal y asumir diversos cargos directivos en el priismo local, encontró su mayor impulso en la campaña a la gubernatura de Hidalgo de Manuel Ángel Núñez Soto, quien siendo gobernador lo definió como su mano derecha y lo encumbró como secretario de Gobierno y sucesor. «El chino es muy inteligente», solía decir Núñez Soto a sus interlocutores cuando se refería a Osorio; «se ve callado, pero es muy inteligente».

El primer encuentro entre Osorio Chong y Peña Nieto tuvo lugar cuando eran gobernadores, de Hidalgo y del Estado de México, respectivamente. Asistían con frecuencia a las reuniones de la Conferencia de Gobernadores. Peña debió de haber quedado impresionado con esas mismas cualidades que describió el «padrino político» de Osorio Chong, pues aún recuerda en sus pláticas varias anécdotas en las que el Chino se arremangaba la camisa para dialogar directamente con manifestantes. Para un presidente que nació y gobernó desde las cúpulas, el estilo del hidalguense era apasionante.

Como gobernadores del mismo partido y al compartir sus entidades colindantes con la Ciudad de México, gobernada por la izquierda desde 1997, trabajaron en conjunto la resolución a problemas como el abasto de agua y el transporte público en la zona metropolitana. Intentaron también mostrar mano dura contra la criminalidad y los estallidos sociales durante sus mandatos, contagiados por la política que a nivel federal llevaron los gobiernos panistas de Vicente Fox y Felipe Calderón.

Las cualidades de Osorio Chong lo hicieron parte indispensable del equipo de Peña Nieto para la campaña presidencial de 2012. Como exgobernador de Hidalgo tenía la encomienda de encabezar a sus pares y, sobre todo, de hacer efectivo el «pase de charola». En su entidad aseguran que Eduardo Osorio Chong, hermano de Miguel Ángel, tuvo mucha participación en estas actividades de recolección, con métodos menos sutiles que los de los políticos, algunos calificados por las fuentes como amenazas o amedrentamientos.

Al inicio de su mandato Peña Nieto le encomendó, como a otros tantos colaboradores, la gestión y la operatividad del Pacto por México, así como la reducción de los atroces niveles de violencia de los cárteles del narcotráfico heredados por el gobierno calderonista. Por tanto, Osorio Chong puso a su disposición en su Secretaría de Gobernación todos los recursos de inteligencia y seguridad que tenía el Estado, para lograr resultados en sus tareas y, además, para construir un proyecto de candidatura presidencial basado en el gran cúmulo de información que podría conseguir de sus contrincantes.

Desde Punta Cana Peña Nieto recuerda el mayor momento de esplendor de Miguel Ángel Osorio durante su administración, aquel que lo pudo catapultar a una candidatura: fue cuando se remangó la camisa y salió a dar la cara a los estudiantes que encabezaron una huelga en el Instituto Politécnico Nacional, en septiembre de 2014. La «hazaña» pudo haber solucionado un potencial conflicto estudiantil con las dimensiones, según Peña, del de 1968.

Ya durante la administración de Andrés Manuel López Obrador a Osorio Chong se le inició una investigación patrimonial desde la Secretaría de la Función Pública, por supuestamente no corresponder sus ingresos declarados con sus bienes patrimoniales. Al respecto, el juez Víctor Octavio Luna Escobedo, titular del Juzgado Decimocuarto de Distrito en Materia Administrativa, admitió a trámite un juicio de amparo que promovió el extitular de la Secretaría de Gobernación contra la supuesta indagatoria.

♦♦♦

Aurelio Nuño Mayer

El tridente del nuevo PRI se completó con Aurelio Nuño Mayer, hijo de una catedrática dedicada a la docencia e investigación en la Universidad Nacional Autónoma de México. Su perfil es el de un joven brillante y preparado. Licenciado en Ciencias Políticas y Administración Pública por la Universidad Iberoamericana y con maestría en Estudios Latinoamericanos por la Universidad de Oxford, en Reino Unido. Su carrera política, sin embargo, era escueta; se limitaba a los cargos de asesor de

Enrique Peña Nieto y Luis Videgaray en el Estado de México y en la Cámara de Diputados. Antes lo fue de Enrique Jackson, cuando este personaje coordinó la bancada del PRI en el Senado.

Como asesor de Enrique Peña Nieto en el Estado de México se convirtió en «el hombre detrás del hombre»: redactaba todos y cada uno de los discursos de Peña Nieto durante la última parte de su gobierno y también a lo largo de su candidatura. Para 2012 Nuño ingresó a los trabajos de campo y formó parte de los equipos de campaña y transición de Gobierno, también por recomendación de Luis Videgaray.

«Luis me dice: "Aurelio es cercano a la gente de Calderón", y le digo: "Órale, que entre Aurelio"»; de este modo le asignaron a Nuño Mayer la coordinación del equipo de Educación durante el periodo de transición. Más tarde fue el redactor de la Reforma Educativa y de prácticamente todos los lineamientos del Pacto por México. Con esas credenciales se hace de la jefatura de la Oficina de la Presidencia.

En dicho cargo, Aurelio Nuño fue responsable de la interlocución con las entidades federativas, el Poder Legislativo, el sector privado y la sociedad civil, para construir consensos en torno a las políticas clave del Gobierno. Peña Nieto recuerda como uno de sus grandes logros la interlocución que logró con los líderes del Partido de la Revolución Democrática, Jesús Zambrano y Jesús Ortega, mejor conocidos como los Chuchos, quienes habían sido muy críticos con la candidatura, el triunfo y la imagen del priista.

«Aurelio mantenía en buen estado las relaciones con quienes habían sido más agresivos en campaña, construyó buena relación política con los perredistas, por ejemplo. Luego se encargó de dar seguimiento a las políticas públicas», me dijo.

El PRD había presentado sendas quejas ante el entonces Instituto Federal Electoral por el supuesto rebase en el tope de campaña, «gastos excesivos» y la repartición de tarjetas de descuento y telefónicas para obtener datos de las credenciales de elector de los ciudadanos.

Las relaciones políticas que tejió Nuño le valieron el respaldo de otras fuerzas políticas en momentos clave de su gestión como secretario de Estado, por ejemplo, en 2016, cuando anunció el despido de más de 3 000 maestros que mantuvieron paros de labores durante cuatro días en Guerrero, Oaxaca y Michoacán, panistas y perredistas le dieron su respaldo en el Congreso.

Aurelio Nuño se mantuvo en la jefatura de la Presidencia hasta 2015, cuando asumió la titularidad de la Secretaría de Educación en relevo de Emilio Chuayffet, con la encomienda de implementar su Reforma Educativa. Estuvo en ese puesto hasta diciembre de 2017, cuando se sumó a la campaña del precandidato priista José Antonio Meade a la Presidencia.

♦♦♦

Luis Miranda Nava

En aquellos tiempos existía una buena y estrecha relación entre Luis Videgaray, Miguel Ángel Osorio Chong y Aurelio Nuño, la tríada que blindó la victoria y la primera parte del sexenio de Enrique Peña Nieto, pero que al mismo tiempo lo alejó de las funciones ejecutivas para que gobernara aislado desde Los Pinos y sin información de primera mano. Así se percibe en los comentarios que hace en retrospectiva el expresidente sobre la realidad que vivía el país y los resultados que tuvo su gobierno. Luis Videgaray, encargado de las finanzas públicas; Osorio Chong, de la seguridad del país, y Nuño, de dar seguimiento a las políticas públicas.

Varios de los colaboradores de ese gobierno coinciden en que Luis Videgaray fue el hombre de mayor confianza del entonces presidente, lo que en algún momento provocó el distanciamiento de los otros dos, e incluso un ambiente ríspido durante las reuniones, sobre todo de parte de Osorio Chong. Se asegura que, debido al gusto por el golf del entonces mandatario, la jornada laboral en Los Pinos comenzaba después de mediodía, lo que ocasionaba que muchas de las decisiones importantes se tomaran a altas horas de la madrugada, sin que los demás funcionarios involucrados estuvieran presentes. El horario fue aprovechado siempre por Luis Videgaray, mientras Miguel Ángel Osorio Chong tenía sus propias reuniones y ocupaciones después del horario de la comida.

En esa dinámica de un presidente «golfista» también tuvo un rol importante un funcionario como Luis Miranda Nava, integrante de la misma camada priista del Estado de México y del grupo de los llamados Golden Boys; aquellos a los que el periodista Francisco Cruz[11] Jiménez describió como carentes de principios e ideales políticos, además de interesados en el costo-beneficio de los cargos públicos, enfocados sobre todo en su enriquecimiento personal.

Miranda Nava es considerado por muchos el único y verdadero amigo de Peña Nieto. Su relación fue tan estrecha que este apadrinó a la hija menor del expresidente, Nicole Peña Pretelini. Es hijo de Luis Miranda Cardoso, expresidente del Tribunal Superior de Justicia del Estado de México, quien fue asesinado en agosto de 2020 y a cuyo sepelio acudieron los hijos mayores del exmandatario, Paulina y Alejandro, en representación de la familia Peña.

El amigo de Peña Nieto fue formado en una de las vertientes del grupo Atlacomulco, impulsado por Arturo Montiel. Su relación con el exmandatario comenzó en 1999, cuando desempeñaba un cargo directivo en el Gobierno mexiquense; después tuvo a su cargo la Subsecretaría de Asuntos Jurídicos y la Secretaría de Administración y Finanzas de la entidad.

Desde que Peña fue gobernador en el Estado de México Luis Miranda fungió como su más cercano consejero político; no le daba consejos como funcionario de Gobierno, le daba consejos de amigo. A menudo, cuando las posturas de Videgaray y Osorio Chong resultaban contrastantes, recurría a él para tomar las decisiones importantes; en palabras de sus cercanos, era el equilibrio entre el Grupo Hidalgo y el Grupo Atlacomulco, a pesar de que se decía parte de ese último.

Ejemplo de las decisiones presidenciales que se tomaban tras realizar consultas a Miranda Nava fue la designación de Manlio Fabio Beltrones como presidente del PRI. Desde 2015 Luis Videgaray impulsaba a Enrique Ochoa Reza para liderar el partido, mientras que Miguel Ángel Osorio buscaba una opción entre los gobernadores con los que había concertado la elección presidencial. Miranda recomendó a Peña optar por una opción intermedia, que a la postre, y a decir de los resultados de las elecciones de 2016 en las que el PRI perdió siete de 12 gubernaturas en juego, no resultó exitosa.

Tras la victoria peñista en las elecciones de 2012 Luis Miranda Nava fue nombrado vicecoordinador político del equipo de transición y asumió posteriormente el cargo de subsecretario de Gobierno; en 2016 llegó a la titularidad de la Secretaría de Desarrollo Social.

A lo largo de su periodo presidencial Enrique Peña Nieto realizó varios ajustes en su gabinete, en respuesta a los tiempos políticos que enfrentaban y el precio a pagar por los errores cometidos: «Los secretarios tienden a ser fusibles y, si algo pasa, pues tienes que quemarlos», me dijo el exmandatario. La realidad es que Peña nunca quemó esos fusibles en el momento que debió hacerlo.

♦♦♦

José Antonio Meade

Enrique Peña Nieto reconoció en Punta Cana que José Antonio Meade «se subió» a su administración y a su gabinete prácticamente en el último minuto. «A Pepe lo conocí en la administración federal; se había portado bien cuando yo estaba como gobernador en el Estado de México. Trabajaba con Agustín Carstens. En mi gobierno, Videgaray era el secretario de Finanzas y tenía mucho contacto con ellos; eran muy amables».

Peña Nieto me expresó con tono de admiración:

> Pepe me gana en la transición. A todas las reuniones que fui de transición, unas tres con Felipe Calderón en Los Pinos, iba un funcionario de su equipo. Yo todavía no designaba gabinete, pero sí me acompañaban Miguel Ángel Osorio y Luis Videgaray, este último como mi jefe de transición. Todos sabían que quien traía las riendas del otro lado era Pepe; era el jefe de transición de Calderón.

De esta forma se visualizó a Meade, como un funcionario transexenal que ayudaría en la transición del poder de un partido a otro:

> Entendimos en ese momento que estaba muy empapado con todos los temas; de economía, de seguridad, de prácticamente todo. Pepe ya había sido secretario en varias ocasiones, entonces lo invité a ser jefe de la Oficina de Presidencia y me lo aceptó. Por la cercanía entendía que el hecho de que él fuera exsecretario de varios gobiernos, el estar en una posición de primer asesor del presidente no estaba mal.

Sin embargo, Meade Kuribreña siempre tuvo sus vínculos con el PRI. Más allá de una ascendencia materna con el abogado y escultor zacatecano José Kuri Breña, su abuelo, José Antonio es hijo de Dionisio Meade, un conocido economista y también abogado priista que tuvo mucha influencia en el sexenio de Enrique Peña Nieto. Del excandidato priista a la Presidencia no se recuerdan historias oscuras o actos de corrupción, aunque algunos empresarios recuerdan haber visitado la casa de su padre para cabildear algún tema de interés en el gobierno peñista.

Meade también era muy cercano a Luis Videgaray. Se hicieron amigos desde que estudiaban Economía en el Instituto Tecnológico Autónomo de México (ITAM), cuando junto con Abraham Zamora, quien posteriormente se convirtió en titular del Banco Nacional de Obras y Servicios Públicos (Banobras), formaron un grupo de compañeros conocidos como los Grillos, por su temprano interés en la política; el mismo nombre le pusieron entonces a su equipo de futbol estudiantil.

En un texto publicado en el periódico *El Financiero*, el 28 de noviembre de 2017, el periodista Raymundo Riva Palacio calificó alguna vez como casi un golpe de suerte la designación de Meade como canciller.[12] Relató que, debido a un malentendido en la situación personal de Eduardo Medina Mora, a quien el presidente electo consideraba para el puesto, este terminó asumiendo el cargo de embajador de México en Washington. El funcionario deseaba estar cerca de sus hijos, quienes estudiaban en Oregón, y Peña Nieto decidió mandarlo a Estados Unidos sin saber que era más fácil llegar a Oregón desde la Ciudad de México. Así, aseguró Riva Palacio, dejaron la Secretaría de Relaciones Exteriores a José Antonio Meade.

Enrique Peña Nieto tenía intenciones de colocar en Relaciones Exteriores a un diplomático de carrera. A mediados de 2012 pensó, según confesó por primera vez en nuestras pláticas, en el perfil de Julián Ventura Valero, quien más tarde se desempeñó como subsecretario de Relaciones Exteriores durante la primera mitad del gobierno de Andrés Manuel López Obrador, con el canciller Marcelo Ebrard Casaubón como jefe directo.

Enrique Peña Nieto me comentó al respecto:

> Yo iba a nombrar a un embajador de carrera; tenía una buena impresión de Julián Ventura, por ejemplo, que se convirtió después en subsecretario de la Cancillería. Y luego ya fui viendo, la Cancillería es una cofradía donde se iba a empoderar. Lo mejor fue nombrar a un secretario fuera de ese círculo,

> para no empoderar a una acción de los diplomáticos de carrera. En mi opinión, en mi *expertise*, qué bueno que se dio este tema, y nombré a Pepe Meade y luego fue Claudia.

En principio, también confesó, el elegido para esa importante posición de Relaciones Exteriores era su gran amigo Aurelio Nuño; no obstante, en los trabajos de transición previos a la toma de protesta del 1.° de diciembre de 2012 Nuño Mayer se encargó de concretar las alianzas para la firma del Pacto por México, por lo que Peña decidió tener todavía más cercano a su operador y reservarle a este perfil la jefatura de la Oficina de la Presidencia; esta es una especie de jefatura de gabinete en la estructura gubernamental.

Así resumió Peña Nieto la historia por la que uno de sus más cercanos colaboradores quedó, en una primera instancia, fuera de los reflectores:

> El 2 de diciembre se firmó el Pacto. Miguel y Luis operando, pero Aurelio fue no solo el redactor, sino que le dio forma, labró los documentos junto con todos los del PAN y PRD. Ahí es donde Aurelio se gana la jefatura de la Oficina; traía las relaciones, construye buena relación política con los Chuchos. Entonces ahí hago un cambio con Aurelio por Pepe Meade en la Cancillería.

José Antonio Meade, en efecto, no pertenecía al primer círculo de Peña Nieto, pero la naturaleza de su puesto, como encargado de las relaciones internacionales, los fue acercando. Con su inteligencia, cultura y conocimientos de temas nacionales e internacionales se fue ganando la confianza del mandatario. Si bien la designación del excanciller como candidato presidencial para las elecciones de 2018 fue resultado de un escenario de desprecio de los votantes hacia todo aquello que estuviera conectado con el PRI, esta no habría sido posible sin la buena relación que llegaron a construir ambos personajes y sin la recomendación del poderoso Luis Videgaray.

José Antonio Meade pasó de ser un funcionario sobrio, técnico, de relativamente bajo perfil y enfocado por completo a sus responsabilidades en las dependencias a su cargo, a uno más bien político y mediático, encargado de enmendar la plana al gobierno del presidente Enrique Peña Nieto y de construir narrativas «convincentes» sobre lo «bueno» que hizo ese Gobierno federal por los mexicanos.

La buena relación no duró por siempre. Las versiones de cercanos a ambos personajes aseguran que, a finales de 2017, cuando Meade fue designado candidato presidencial dejó de tomarle las llamadas a su jefe y presidente —lo cual niega—. La relación con Peña Nieto se convirtió más en un pesado lastre que en algún tipo de apoyo.

6

LA ELECCIÓN DE 2012: COMPETIR Y GANARLE A AMLO

Tras dos sexenios de ceder el poder presidencial al Partido Acción Nacional y de gobernar durante una buena parte de esos periodos desde el Congreso de la Unión, el PRI se preparaba para dar continuidad a los setenta años de la «dictadura perfecta» —frase acuñada por el escritor Mario Vargas Llosa— y tenía el candidato perfecto para hacerlo: Enrique Peña Nieto era un fenómeno mediático que superaba en carisma a Vicente Fox, el candidato panista disruptivo del año 2000, y que además era cobijado por la experiencia de la clase política más poderosa del país.

Para legitimar su candidatura a la contienda electoral de 2012 se estableció como método de selección del candidato priista una consulta abierta a la población, y tras la conformación de la Coalición Compromiso por México —PRI, PVEM y Nueva Alianza (Panal)—, planeada para impulsar la candidatura del mexiquense, Manlio Fabio Beltrones, el otro perfil que disputaba también la candidatura priista, finalmente declinó en favor del personaje que estaba llamado a ser presidente de la República. Peña Nieto fue nombrado candidato único de esa coalición.

Para ese momento la estrategia enfocada en aprovechar la imagen del priista comenzaba a dar frutos. Mientras tanto, los demás partidos se encontraban en la definición de sus procesos internos con los que elegirían a sus respectivos candidatos.

En el Partido de la Revolución Democrática (PRD), Andrés Manuel López Obrador y Marcelo Ebrard disputaron la candidatura a través de una encuesta interna, en la que el primero salió vencedor. Junto con el Partido del Trabajo (PT) y Movimiento Ciudadano (MC) conformaron la coalición Movimiento Progresista.

En tanto, el PAN decidió a su candidato a través de una elección interna en la que participaron Josefina Vázquez Mota, exsecretaria de Desarrollo Social en el periodo de Vicente Fox, de Educación con Felipe Calderón y excoordinadora de la fracción panista en San Lázaro; Ernesto Cordero, favorito de Calderón, quien fuera también secretario de Desarrollo Social y de Hacienda durante su gobierno;

y Santiago Creel, exsecretario de Gobernación con Vicente Fox.

El proceso interno de ese partido fue muy similar al que se vivió en 2005. Fue una elección cerrada, en la que cerca de 1 800 000 militantes panistas decidieron que, por primera vez, los representaría una mujer en la elección presidencial.

Más tarde la Coalición Compromiso por México se deshizo del Panal, por lo que Gabriel Quadri tomó la estafeta por el partido que nació al amparo del SNTE y su eterna lideresa Elba Esther Gordillo.

♦♦♦

Las elecciones presidenciales de 2012 estuvieron reguladas por reformas electorales adoptadas en 2007 y 2008, en respuesta a los alegatos de supuesto fraude en 2006 realizados por Andrés Manuel López Obrador. Los cambios en la ley buscaban garantizar equidad y transparencia en la contienda, además de afianzar la confianza en la autoridad y el proceso electoral.

La reducción del tiempo de campaña de seis a tres meses, un techo presupuestal de 10% para donativos de particulares y la reducción de 48% al financiamiento público, además de la prohibición de venta de espacios televisivos para propaganda electoral, asignados por el entonces Instituto Federal Electoral (IFE) de manera equitativa los tiempos de aparición en medios masivos para todos los partidos, fueron las nuevas disposiciones que los participantes debían acatar, según aquella Reforma Electoral.

En marzo comenzaron las campañas electorales y el candidato priista estaba en la cima, con una intención del voto de entre 39 y 54%. Durante años, como candidato a gobernador y luego como gobernador del Edomex, su imagen había sido bien trabajada y estratégicamente posicionada ante la opinión pública. Parecía que daría resultados seguros, además de que contaba con todo el apoyo de las estructuras territoriales y clientelares del PRI para hacerse de la Presidencia.

Su campaña política, encabezada por Luis Videgaray, integró la imagen de un candidato que además de atractivo y simpático mostraba placer en escuchar y servir al pueblo, un hombre digno de confianza que representaba a un partido renovado, alejado de los vicios del pasado.

La relación sentimental que mantenía con la actriz Angélica Rivera favoreció la permanencia del candidato en medios tradicionales de comunicación y en espacios que los políticos no solían utilizar, como los programas de espectáculos, que ayudaron a posicionar su imagen en sectores específicos de la población.

La también conductora se mantuvo activa durante la campaña, declarando a revistas del corazón las virtudes de Enrique Peña Nieto:

> Hace rato me preguntaban muchas mujeres y me decían: «Vamos a votar por Enrique, ¿podemos confiar en él?». Y de verdad, de corazón, les puedo decir que pueden confiar al 100% en ese hombre que cree al 100% en las mujeres. Enrique cree en lo que sentimos, Enrique cree en lo que somos y lo más importante, Enrique cree en lo que las mujeres somos capaces de dar.

La importancia que daba al *marketing* político llevó al mexiquense y a su esposa a registrar sus nombres como marca comercial y, de acuerdo con el reportaje del periodista Sergio Rincón publicado en Univisión, más tarde registrarían otras marcas: EPNMéxico, AtenciónEPN, EquipoEPN y AgendaEPN, las cuales utilizó en las cuentas de redes sociales durante su campaña política.

♦♦♦

Los aspirantes presidenciales cumplieron con dos debates establecidos por el Instituto Federal Electoral. El primero de ellos se realizó el 6 de mayo de 2012, en donde el principal reto para los candidatos fue la carga histórica de sus partidos.

Durante este encuentro el abanderado priista se defendía de las críticas sobre su trayectoria, su origen y desarrollo político a la sombra de Arturo Montiel y Carlos Salinas de Gortari.

López Obrador respondía a los casos de Gustavo Ponce y René Bejarano, excolaboradores que enfrentaban la prisión por enriquecimiento ilícito, lavado de dinero y delitos electorales.

Para Josefina Vázquez Mota, quien al inicio de las campañas se ubicaba en el segundo lugar de preferencias, el primer debate no fue favorecedor, quedando después del encuentro en el tercer lugar. La candidata ofrecía continuidad, enfocada en la reforma laboral en materia económica y política, con mano dura en el tema de seguridad pública y combate al crimen organizado.

Gabriel Quadri, por su lado, sacó provecho del primer debate, logrando un crecimiento en las preferencias. Durante el encuentro se mostró como un candidato ciudadano, aunque con la desventaja de estar postulado por un partido afín a la lideresa del sindicato de maestros.

El segundo debate se efectuó el 10 de junio y duró poco más de dos horas; después de este, algunos medios daban por ganadora a Vázquez Mota, mientras que otros aseguraban que la presidencia estaría peleada entre Peña Nieto y López Obrador.

Ambos debates fueron transmitidos en vivo en diferentes estaciones de radio, televisión e internet, aunque las principales televisoras de México (Televisa y TV Azteca) decidieron no transmitir el primero de ellos en sus canales con mayor audiencia, al existir eventos de mayor *rating*, como el partido de futbol entre Morelia y Tigres que se llevaría a cabo en el mismo día y hora.

♦♦♦

Los jóvenes estudiantes tuvieron un papel fundamental en las elecciones de 2012. Los aspirantes a la presidencia se acercaron a este sector, crítico y políticamente activo.

El 11 de mayo de 2012, pocos días después del primer debate presidencial, el candidato priista acudió a la Universidad Iberoamericana al Foro del Buen Ciudadano, pese a la oposición de su equipo liderado por Luis Videgaray. En dicho evento enfrentó expresiones públicas de hostilidad, derivadas de su desempeño como gobernador y lo sucedido en San Salvador Atenco en 2006, a lo que el candidato respondió:

> Antes de concluir, aunque ya lo había hecho, voy a responder a este cuestionamiento sobre el tema de Atenco, hecho que ustedes conocieron, y que sin duda dejó muy clara la firme determinación del Gobierno de hacer respetar los derechos de la población del Estado de México, que cuando se vieron afectados por intereses particulares, tomé la decisión de emplear el uso de la fuerza pública para restablecer el orden y la paz, y que en el tema, lamentablemente hubo incidentes que fueron debidamente sancionados, y que los responsables de los hechos fueron consignados ante el Poder Judicial, pero, reitero, fue una acción determinada personalmente, que asumo personalmente, para restablecer el orden y la paz, en

el legítimo derecho que tiene el Estado mexicano de hacer uso de la fuerza pública, como además debo decirlo, fue validado por la Suprema Corte de Justicia de la Nación. Muchas gracias.

Radio Ibero 90.9 describía de primera mano lo ocurrido durante la visita.[13] El equipo de campaña resguardaba al candidato en un baño de la universidad mientras se analizaba una ruta de escape. Finalmente, Peña Nieto logró salir con apoyo de un operativo de seguridad, en medio de gritos y máscaras de Carlos Salinas de Gortari.

La noticia se hizo viral a través de videos que los alumnos subieron a sus redes sociales. El presidente nacional del PRI, Pedro Joaquín Coldwell, calificó lo sucedido como «un puñado de jóvenes que no son representativos de la comunidad de la Ibero asumió una actitud de intolerancia respecto a los planteamientos que hacía nuestro candidato, y frente a eso, rescato la reacción de Peña Nieto, me gustó mucho».

Peña Nieto acepta aún la responsabilidad por su decisión de asistir a la institución educativa, dejando a partir de ese momento en manos de Luis Videgaray, Miguel Ángel Osorio y Aurelio Nuño la definición de su agenda en la campaña.

Lo ocurrido ese día originó el movimiento #YoSoy132, integrado en su mayoría por jóvenes de universidades públicas y privadas que se volvió muy relevante en ese proceso electoral. En mayo, durante una asamblea realizada en las islas de Ciudad Universitaria, el grupo se definía como apartidista, pacífico, laico, plural, de base estudiantil, con carácter social, político y humanista.

> Somos un movimiento ajeno a cualquier postura partidista y constituido por ciudadanos. Como tal, no expresamos muestras de apoyo hacia ningún candidato o partido político, pero respetamos la pluralidad y diversidad de los integrantes de este movimiento. Nuestros deseos y exigencias se centran en la defensa de la libertad de expresión y el derecho a la información de los mexicanos, en el entendido de que ambos elementos resultan esenciales para formar una ciudadanía consciente y participativa. Por lo mismo, promovemos un voto informado y reflexionado. Creemos que, en las circunstancias políticas actuales, el abstencionismo y el voto nulo son acciones ineficaces para avanzar en la construcción de nuestra democracia. Somos un movimiento preocupado por la democratización del país y, como tal, pensamos que una condición necesaria para ella involucra la democratización de los medios de comunicación.[14]

El movimiento tuvo eco en todo el país y recibió muestras de apoyo de grupos en el extranjero en ciudades como Londres, París, Chicago, Madrid, Buenos Aires y Montreal, entre otras.

Parte fundamental del movimiento fue el impulso de debates entre los candidatos presidenciales, logrando que el segundo encuentro fuera transmitido en los canales de mayor cobertura de Televisa y TV Azteca, lo que significó que más de 15 000 000 de personas lo vieran.

El movimiento convocó a los candidatos a un tercer debate, organizado por el mismo grupo y sin injerencia del IFE, al cual accedieron a participar Josefina Vázquez Mota, Andrés Manuel López Obrador y Gabriel Quadri; Enrique Peña Nieto fue el único que declinó la invitación.

El tercer debate se transmitió en vivo por internet a través de la plataforma Google Hangout On Air, así como a través de cadenas radiofónicas, como Reactor 105.7, Ibero 90.9 y Radio Ciudadana, mientras que en televisión pudo verse en canales culturales, como el Canal 11 del Instituto Politécnico Nacional y el Canal 22 del Conaculta.

Josefina Vázquez Mota enfrentó en la misma universidad cuestionamientos de estudiantes sobre lo sucedido en la guardería ABC de Hermosillo, Sonora, donde fallecieron 49 niños tres años atrás. En respuesta a ello, declaró que no protegería la corrupción ni la impunidad en el caso, sin importar las siglas partidistas, para posteriormente pedirle a Juan Molinar Horcasitas, extitular del IMSS e implicado en ese evento, mantenerse al margen de su campaña.

Por su lado, López Obrador logró reunir a 10 000 estudiantes de escuelas públicas y privadas en la emblemática plaza de Tlatelolco, aferrándose a este sector para remontar los resultados que lo colocaban en segundo lugar.

A su vez, Gabriel Quadri fue cuestionado por estudiantes de la Universidad Autónoma de Querétaro sobre la pretensión de su candidatura y su relación con la lideresa del magisterio, Elba Esther Gordillo.

♦♦♦

Las elecciones de 2012 tuvieron la histórica participación de 64% del electorado, alrededor de 50 000 000 de mexicanos, en un clima de relativa calma, a pesar de los altos índices de violencia que se vivían en el país. Peña Nieto superó a Andrés Manuel por siete puntos porcentuales, poco más de 3 000 000 de votos.

El Movimiento Progresista y López Obrador, por segunda ocasión —después de la elección de 2006— no reconocieron la derrota, y presentaron un recurso de inconformidad para pedir que se anulara la elección presidencial por presuntas violaciones a la legalidad con la compra de votos, gasto excesivo y trato preferencial de parte de los medios de comunicación al candidato priista.[15]

El alegato se organizó con base en cinco agravios:

1. La adquisición encubierta en tiempo de radio, televisión y medios impresos, mediante menciones en noticieros y otros formatos de comunicación sin distinguirlos ante la audiencia.

2. Gasto excesivo en la campaña de Enrique Peña, se manifestó que el tope de gastos era de 336 112 084 pesos, y de acuerdo con cálculos del Movimiento Progresista, se gastaron alrededor de 4 599 947 834 pesos.
3. Transferencias monetarias realizadas desde diversas entidades, personas físicas o morales, así como el financiamiento de carácter privado que excedían los límites marcados en la ley.
4. Uso de supuestos estudios de opinión o encuestas como medio de propaganda y presión a los electores a favor de Enrique Peña Nieto y la Coalición Electoral Compromiso por México.
5. Actos de presión y coacción a electores antes y durante la jornada electoral a través de dádivas y recompensas.

Todas ellas desestimadas o improcedentes de acuerdo con el órgano electoral.

♦♦♦

En su cierre de campaña en el Estadio Azteca de la Ciudad de México, Enrique Peña Nieto prometió encabezar un «proyecto responsable, con rumbo y liderazgo».

Propuso «un nuevo camino para México, de paz, progreso y crecimiento».

> El nuestro es un cambio seguro con estabilidad para ustedes y sus familias, para que sus familias ganen más, un cambio para que se valore más su trabajo, para que reciban mejores ingresos en su empleo o en su negocio, un cambio para que el precio de los alimentos deje de subir, un cambio para que paguen menos por la luz eléctrica, para que tengan vales de medicina y las madres trabajadoras cuenten con un seguro de vida que garantice y dé seguridad a sus hijos en caso de faltar.

El viernes 31 de agosto de 2012 Enrique Peña Nieto recibió la constancia de mayoría que lo acreditaba como presidente electo de los Estados Unidos Mexicanos para el periodo 2012-2018.

7

AÑOS DE GLORIA

Durante los primeros años de su sexenio parecía que el presidente Enrique Peña Nieto viviría un cuento de hadas: las fuerzas políticas se habían alineado, calculando que el priismo tardaría algunas décadas en entregar de nuevo el poder. Además, las pequeñas concesiones que fue otorgando a otros líderes y partidos políticos le permitieron tener una buena interlocución, suficiente para poner en práctica su proyecto de país.

Los recuerdos de aquellos años de gloria todavía dibujan una gran sonrisa en el expresidente. La imagen de aquella época le permite a Peña Nieto disertar en lo relativo a sus ideales con aires de gran estadista, con los mismos tamaños con los que lo vio la comunidad internacional en los momentos que fueron calificados como el «Mexico's Moment».

En una de las entrevistas en la que platiqué con el expresidente me contó:

> Cuando aspiraba a ser presidente de México, es decir, cuando las condiciones se fueron presentando siendo gobernador del Estado de México, para que eventualmente tuviera la candidatura del partido y competir en la elección presidencial, me pregunté: ¿para qué iba a ser presidente?
>
> Entonces hay un libro que publiqué donde describí con toda claridad cuáles serían mis principales postulados; las reformas que me parece que el país necesitaba para impulsar el mayor desarrollo, condiciones de bienestar para la gente, con qué valores elevar la competitividad del país.

El libro al que se refería es: *México, la gran esperanza: un Estado eficaz para una democracia de resultados,*[16] publicado en 2011.

En ese texto Peña Nieto aseguró que en su gobierno

> se inscriben de manera muy clara y puntual las grandes reformas en las que teníamos coincidencia las diferentes fuerzas políticas, para impulsar una agenda de transformaciones y

> ayudar al desarrollo económico y social de nuestro país. Y creo que eso se logró, creo que eso fue lo más importante. México había venido postergando la creación de varias reformas para darle capacidad al Estado para realizar mayores obras.

El expresidente insistió en nuestra plática que en aquellos años quiso construir un país atractivo para las inversiones, generar más empleo y mayor derrama económica entre la población.

El proyecto era tan ambicioso que requería diversas reformas, entre ellas algunas que tocaban las fibras más hondas de los conceptos de «soberanía», «política» y «sindicalismo nacional». Era necesaria

> una reforma energética que permitiera que los insumos energéticos, la explotación energética, tanto de electricidad como de petróleo, fuera apoyada con la participación del sector privado; era un sector que estaba completamente cerrado, entonces era importante abrirnos como ocurre en otras economías del mundo entero.

También se requería, para los postulados del priista, una reforma educativa, que diera continuidad al proyecto de país en el futuro próximo, favoreciendo a los niños con una educación de mayor calidad:

a través de profesores que fueran evaluados y que estuvieran en un proceso para obtener mayores beneficios, no de forma discrecional, no sujetos a las decisiones del líder sindical, sino por esfuerzo propio. Esas reformas sentarían las bases para que México tuviera un mejor desarrollo.

♦♦♦

El regreso del PRI al poder, a través de Enrique Peña Nieto, fue calificado en México y en el extranjero como «un nuevo comienzo». Tras 72 años de gobierno ininterrumpido, luego de una pausa de 12 años, el partido regente regresaba.

Tan solo unas semanas después de tomar posesión del Ejecutivo federal la revista estadounidense *TIME* le concedió una portada bajo el título «Old Party, New Start»,[17] en la que refirió que el presidente de México había llevado al PRI de nuevo al poder. Pero «¿podrá salvar a su país de una ruinosa guerra contra las drogas y una economía en dificultades?», se preguntaba la editorial.

Su administración inició con la firma del llamado Pacto por México, un acuerdo signado el 2 de diciembre de 2012 en el emblemático Castillo de Chapultepec, el cual contemplaba reformas sobre cinco ejes temáticos que impulsarían el crecimiento económico y el desarrollo social del país:

1. Sociedad de derechos y libertades
2. Crecimiento económico, empleo y competitividad
3. Seguridad y justicia
4. Transparencia, rendición de cuentas y combate a la corrupción
5. Gobernabilidad democrática

La fotografía de aquel día fue histórica: flanqueado por el líder perredista Jesús Zambrano y el dirigente panista Gustavo Madero, el presidente Enrique Peña Nieto hablaba entonces de que las reformas estructurales solo podrían concretarse con el respaldo de una amplia mayoría, que trascendiera las diferencias políticas y que colocara los intereses de las personas por encima de cualquier interés partidista.

En Punta Cana, el expresidente recuerda con detalle el proceso de negociación que llevó a la firma del documento:

> Todo eso pasó en la transición, ni siquiera lo tenía postulado, es más, si lo postulaba me lo iban a bloquear. Tardamos unos cinco meses en concretar una buena relación con todos ellos, con Madero, con los Chuchos, que habían sido muy agresivos en campaña. Todos habían sido muy cabrones en la campaña, Santiago Creel, todos. A final de cuentas hicimos un acuerdo, ya pasó, ya gané y jalamos juntos, todo muy bien.

La agilidad en las negociaciones que llevó a cabo el nuevo equipo priista casi provoca que el pacto se firmara durante el gobierno de Felipe Calderón, según recuerda:

> Jalaron bien, nos pusimos de acuerdo, por poco lo firmamos con Calderón, cosa que no quería porque se lo van a atribuir a él, pero el PAN quería que se firmara antes de que se fuera el presidente y para fortuna fue conmigo. Lo firmamos el día dos, entre el uno y el día dos se concretó el pacto.

Fue en esas mesas de trabajo del periodo de transición cuando decidió nombrar a Aurelio Nuño como su jefe de Oficina. «Dije: "Trae todo, trae las relaciones, construye buena relación política con los Chuchos"; fue ahí donde hago el cambio de Aurelio».

El Pacto por México representó la época dorada de la administración de Enrique Peña Nieto. Su firma fue anunciada como un gran logro para la nación, en donde las tres principales fuerzas políticas decidieron trabajar en una agenda común para la aprobación e implementación de una serie de reformas estructurales que permitiría adquirir mayor fuerza y competitividad a nivel internacional.

Sentado en una mesa de un restaurante español de Punta Cana, el expresidente recuerda las reuniones en las que se construyó el pacto. Le pregunté si eran ciertos los rumores acerca de que se había consolidado en la casa del exgobernador de Oaxaca, José Murat. Y en su respuesta quedó expuesto que la realidad es que esos dichos fueron promovidos por el propio Murat.

«Murat prestaba su casa», matizó.

José Murat Casab fue gobernador de Oaxaca de 1998 a 2004; contrajo nupcias con Aurora Alcántara Rojas en enero de 2016, hermana de Roberto Alcántara, presidente del Consejo de Administración de Grupo IAMSA y dueño de la aerolínea Viva Aerobus.

Para darle continuidad al pacto se conformó un consejo rector encargado de articular las principales negociaciones y definir objetivos y alcances para elaborar iniciativas de ley, que posteriormente se sometieron a discusión en el Congreso de la Unión.

El Gobierno, ya en las manos de Enrique Peña Nieto, envió a las mesas al secretario de Hacienda, Luis Videgaray; al subsecretario de Enlace Legislativo de la Secretaría de Gobernación, Felipe Solís Acero, como secretario técnico; al jefe de la Oficina de la Presidencia de la República, Aurelio Nuño, y al secretario de Gobernación, Miguel Ángel Osorio Chong.

Como partido, el PRI envió al presidente nacional, César Camacho Quiroz; a la secretaria jurídica del Comité Ejecutivo Nacional, Martha Tamayo; al senador Raúl Cervantes; al diputado Héctor Gutiérrez de la Garza, y a Arturo Goicoechea como secretario técnico.

Los participantes del PRD en esas mesas fueron el líder nacional, Jesús Zambrano; además de Jesús Ortega Zambrano,

Pablo Gómez, Alejandra Barrales y Guadalupe Acosta Naranjo. Mientras que por el Partido Acción Nacional estuvieron su presidente, Gustavo Madero, Santiago Creel, Marco Antonio Adame, la senadora Rosa Adriana Díaz, Alejandro Zapata y el vocero Juan Molinar Horcasitas.

♦♦♦

Las reformas estructurales fueron aprobadas por las dos Cámaras en tiempo récord. Pocos meses después de su firma se concretaron las 11 reformas, recuerda Peña Nieto.

Fue una operación política muy exitosa: logró cautivar a analistas extranjeros y daba la sensación de solidez tanto al interior del PRI como del país en general. Por tal razón, el presidente y su equipo de trabajo recibieron reconocimientos incluso fuera de México, fortaleciendo la percepción de que el país iba por buen rumbo.

Enrique Peña Nieto se hizo de una segunda portada de la revista *TIME*, donde apareció su fotografía junto con la frase «Saving Mexico».[18] De acuerdo con la publicación internacional —distribuida en América, Europa, Asia y África—, el priista y su equipo habían cambiado la percepción de una nación manchada por el crimen organizado.

Según el reportaje escrito por el periodista Michael Crowley, fue sobresaliente la mejora de la nota crediticia de México por parte de la calificadora Moody's, que situó al país por arriba de Brasil, «el favorito de antaño de los inversionistas internacionales».

En la reforma hacendaria se estableció un régimen fiscal simplificado, que cobraba más impuestos a quienes más ingresos tenían; la laboral intentó flexibilizar las condiciones de contratación a través del *outsourcing*; mientras, la reforma energética permitía la intervención del ámbito privado en el sector eléctrico y de hidrocarburos. En tanto, la reforma educativa buscaba garantizar la calidad de la educación a través de una evaluación al personal docente.

Analistas económicos elogiaban la apertura del sector energético con declaraciones como esta: «Pasó de ser un país que la gente daba por perdido a convertirse en el favorito», manifestó Ruchir Sharma, jefe de mercados emergentes de Morgan Stanley.

La publicación británica *The Economist* también resaltaba la reforma energética como la joya de la corona de las reformas estructurales de Peña Nieto. Destacó que las principales petroleras y empresas de energías limpias se estaban alistando para ponerle fin al monopolio de Pemex y tener electricidad más barata. También resaltaba a México como una potencia en fabricación, al enunciar que empresas como Nissan de Japón y Daimler de Alemania estarían dispuestas a invertir miles de millones de dólares si México ofrecía energía barata.

En 2014 el presidente fue reconocido por diferentes organizaciones internacionales. El 19 de septiembre recibió por parte de la organización interconfesional dedicada a la libertad religiosa y los derechos humanos, Appeal of Conscience Foundation, el Premio Estadista Mundial en reconocimiento a su liderazgo y avances logrados a través de las reformas estructurales.

Con el galardón en sus manos, Peña Nieto dijo: «Lo recibo a nombre de todo México, porque los avances no son resultado de un solo hombre, ni siquiera de un solo gobierno, son logros de toda una nación». Acompañado de su entonces esposa, Angélica Rivera: su secretario de Relaciones Exteriores, José Antonio Meade, y el empresario Carlos Slim Helú, el entonces presidente reiteró que gracias al respaldo de las fuerzas políticas nacionales se lograron concretar importantes reformas que sentarían las bases de un mejor futuro para México.

Por su parte, el presidente de la organización, Arthur Schneier, enalteció la «nueva» visión del mandatario, así como su interés en la responsabilidad global y social, la paz, la cooperación internacional, los derechos humanos, la libertad y la tolerancia.

Días más tarde recibió el Premio Ciudadano Global otorgado por Atlantic Council, organización no partidista que promueve el liderazgo y compromiso constructivo de Estados Unidos en asuntos internacionales sobre la base del cumplimiento de los desafíos globales. Esa fue la primera vez que el premio se entregaba a un presidente latinoamericano; en esa ocasión también lo recibieron Petro Poroshenko, presidente de Ucrania; Shimon Peres, expresidente de Israel, y Lee Kwan Ywe, ex primer ministro de Singapur.

El reconocimiento le fue otorgado por la apertura del sector energético a la iniciativa privada, la reforma en telecomunicaciones y el desarrollo de la industria automotriz en el país, todo resultado del Pacto por México. Al evento asistió Bill de Blasio, entonces alcalde de Nueva York, a quien el mandatario mexicano le expresó reconocimiento por las políticas promovidas para lograr una mayor integración de la población hispana en su comunidad, a través de medidas como la legislación que permitió que cualquier persona sin importar su estatuto migratorio accediera a una identificación oficial.

En aquel encuentro privado con el alcalde el presidente estuvo acompañado por los secretarios de Hacienda, Luis Videgaray; el de Relaciones Exteriores, José Antonio Meade, y el embajador en aquel país, Eduardo Medina Mora.

Por aquellos días también asistió a la comida organizada por The Economic Club of New York, que agrupa a los actores económicos del principal centro financiero del mundo, donde presumió las reformas en materia social, político-electoral y desarrollo económico.

Orgulloso, Peña Nieto hacía hincapié en cómo la consolidación de la reforma energética y la participación de privados llevaría al aprovechamiento y explotación de la riqueza natural de México; hacía notar que el crecimiento promedio de 2.6% anual de los últimos treinta años era insuficiente para generar empleos y aprovechar las oportunidades, por lo que eran urgentes las reformas estructurales que su gobierno estaba logrando.

«México, sin duda, es un destino confiable, seguro para las inversiones, que tiene un ambiente de certeza jurídica y que estas reformas harán posibles mayores inversiones nacionales y extranjeras», expuso el mandatario aquel día, uno de sus puntos más altos como presidente de México.

Durante su gira de cuatro días, en la comida ofrecida por la Organización de las Naciones Unidas (ONU) a los jefes de Estado, Peña Nieto estuvo sentado en la mesa de honor al lado del mandatario de Estados Unidos, Barack Obama; el secretario general de la ONU, Ban Ki-Moon; y el rey de España, Felipe VI.

Como cereza del pastel, se otorgó la presidencia de la Alianza para el Gobierno Abierto al mandatario mexicano, iniciativa lanzada por Barack Obama con otros siete miembros en 2011 como un espacio de ideas donde el Gobierno junto con la sociedad civil asumieron compromisos para promover la transparencia y la rendición de cuentas. Al evento se presentaron los presidentes de Estados Unidos, Barack Obama; de Francia, François Hollande; de Indonesia, Susilo Bambang Yudhoyono; y de Sudafrica, Jacob Zuma, entre otros dignatarios y ministros de los países miembros. Un año después México fue sede de la cumbre.

Ese mismo año el secretario de Hacienda y Crédito Público, Luis Videgaray, fue reconocido como el mejor ministro de Finanzas en el mundo por la revista especializada en finanzas *EuroMoney*. En el evento, el galardonado habló del reto que representaban las reformas para el Gobierno federal, al tratarse de procesos laboriosos de una transición tanto interna como externa. Los acontecimientos colocaban a Peña Nieto en la cima de reconocimientos globales y lo hacían sentir orgulloso de lo que el país reflejaba hacia el mundo.

♦♦♦

El 1.° de diciembre de 2015 se compartieron los logros de los primeros tres años de gobierno, con la frase «¡Estamos moviendo México!», entre los que destacaron:

- Disminución de 23.3% de homicidios dolosos.
- 24 Centros de Justicia para la mujer.
- 4 500 000 beneficiarios de la Cruzada Nacional contra el Hambre.
- 6 900 000 familias respaldadas por el programa Prospera.
- 5 700 000 adultos mayores con acceso a una pensión.
- 5 950 000 millones de madres con el Seguro de Vida para Jefas de Familia.

- 23 182 escuelas de tiempo completo que benefició a 3 400 000 niños.

En 2016 el entonces presidente recibía nuevamente en Nueva York el Premio al Estadista (Statesman Award) del año, de la Asociación de Política Exterior (Foreign Policy Association). El galardón fue otorgado en el marco del Foro de Liderazgo Mundial (World Leadership Forum) realizado por la asociación en reconocimiento a los cambios estructurales que permitieron estimular la relación económica México- Estados Unidos de América.

A modo de conclusión sobre el tema de aquellos años de gloria, EPN me contó:

> Yo me siento satisfecho de los logros alcanzados. Evidentemente hubo baches, errores, pero creo que las reformas ahí están; algunas se han modificado, yo entiendo la decisión que tiene el actual gobierno [de Andrés Manuel López Obrador] y la respeto. Yo siempre he creído que, no importando las distintas expresiones políticas, lo importante es buscar que a México le vaya bien y alcance el gran desarrollo. Soy respetuoso de la decisión que tiene el actual gobierno.

8

PUGNAS INTERNAS

La experiencia confirma que el poder de un presidente de la República atraviesa diversas etapas; desde que empieza a tomar las riendas del país en los primeros años de su sexenio hasta que la capacidad de mando sufre un debilitamiento cuando se acerca el momento de definir una sucesión. En este último tramo es cuando los más cercanos colaboradores del Gobierno empiezan a albergar aspiraciones particulares que los orillan a participar en riesgosas pugnas internas.

En la administración de Enrique Peña Nieto, según me lo confirmó él mismo, la lucha interna por el poder político y por la sucesión se desató desde los primeros años del sexenio; en especial, entre los líderes de los grupos políticos que lo impulsaron al Gobierno: el Grupo Atlacomulco y el Grupo Hidalgo, el primero representado por el primer secretario de Hacienda, Luis Videgaray; y el segundo, por el titular de Gobernación, Miguel Ángel Osorio Chong.

Además, había incrustadas en el gabinete de Peña Nieto algunas células de grupos priistas de gran tradición, entre ellas las identificadas con el expresidente Carlos Salinas de Gortari, de la que formaban parte su secretaria de Turismo y después de Relaciones Exteriores, Claudia Ruiz Massieu (sobrina del expresidente), y el director del Banco Nacional de Comercio Exterior, Enrique de la Madrid Cordero (hijo de Miguel de la Madrid Hurtado, mandatario que precedió en el poder a Salinas de Gortari).

También el director general de Petróleos Mexicanos, Emilio Lozoya Austin, defenestrado del primer círculo peñista por diversos actos de corrupción cometidos en la naciente empresa productiva del Estado, formaba parte de esos personajes vinculados con el salinismo. Su padre, Emilio Lozoya Thalmann, fue secretario de Energía y director del Instituto de Seguridad y Servicios Sociales de los Trabajadores del Estado (ISSSTE) durante la gestión presidencial del considerado máximo representante del periodo neoliberal.

Todos ellos anhelaban llegar a la Presidencia. Algunos, sobre todo los salinistas, habían sido educados desde pequeños para tomar esa gran responsabilidad, con mayores posibilidades incluso de las que tenía desde su nacimiento Enrique Peña Nieto.

Del lado del Grupo Atlacomulco y Grupo Hidalgo, Videgaray y Osorio estaban convencidos de que era el momento de perpetuar el «nuevo PRI». Así que, desde los primeros años del sexenio, primero el mexiquense y después el nacido en Hidalgo, registraron sus nombres como marcas comerciales ante el Instituto Mexicano de la Propiedad Industrial (IMPI), para impulsarlos en una posible campaña presidencial.

♦♦♦

Las pugnas entre los presidenciables fueron constantes y evidentes a lo largo del sexenio, pero la que más recuerda el exmandatario es la generada por la visita a México de Donald Trump, aquel miércoles 31 de agosto de 2016.

EPN me confesó:

> Está inscrito en la memoria histórica de lo que se hizo y yo me quedo satisfecho. Hay temas que se hubieran atendido de mejor manera o de manera distinta, sí. Debo reconocer que hubo eventos que, a lo mejor, la forma de haberlos admitido debió ser distinta. Por ejemplo, el acercamiento que tuvimos con Estados Unidos y con el presidente Trump.

Si bien la decisión de la visita de Trump, aceptada por él a raíz de una propuesta de su íntimo en el gabinete, el entonces secretario de Hacienda, Luis Videgaray, no fue la mejor decisión, dicho acto sentó las bases para que hubiera una relación constructiva con el Gobierno de Estados Unidos y para ratificar el acuerdo comercial del Tratado entre México, Estados Unidos y Canadá (T-MEC). Desde su visión como abogado, gracias a este acto, que para muchos mexicanos no fue solo un tropiezo, sino un acto de traición, se protegió la inversión en el marco del acuerdo del libre comercio.

Su versión de lo que sucedió antes de que el entonces candidato republicano llegara al hangar presidencial en el Aeropuerto Internacional de la Ciudad de México es de lo más interesante y, sobre todo, representativa de las diferencias que existían en su gabinete, principalmente entre Videgaray y Osorio Chong.

El exgobernador de Hidalgo fue uno de los muchos que advirtió a su jefe de las consecuencias de esa reunión:

> Cuando Trump aterrizó, Miguel Osorio me dijo:
>
> —Por favor, no lo recibas.
>
> —¿Cómo no lo voy a recibir? —le respondí—. Viene volando en helicóptero, está a cinco minutos de llegar.
>
> —No lo recibas porque esto se va a volver un caos.

Mientras Chong le rogaba para que no recibiera a Trump, por la mente del oriundo de Atlacomulco solo persistía un pensamiento: la reunión estaba concertada; si su imagen pública iba a caer por haberlo invitado, caería todavía más si siguiera el consejo de Osorio Chong.

No aparecer públicamente en una reunión que, en apariencia, fue una idea de él lo haría lucir como alguien poco confiable. «Igual lo tengo que ver y me la aviento, ya luego vemos cómo arreglamos el daño», me confesó que decidió en aquel momento de crisis.

Desde Punta Cana, a casi siete años de distancia de aquel momento, Peña Nieto me comentó que, más allá de los beneficios que ese evento tuvo para la relación de su gobierno con el de Donald Trump (en especial para la relación y el futuro de Luis Videgaray), esta fue un desastre. «Ahora ya sé que fue un desastre, teníamos a medio país mentándole la madre y yo aquí recibiéndolo. Esa visita me costó políticamente 15 puntos de popularidad», calculó.

Aquella visita también pasó factura a Enrique Peña Nieto en la relación de cercanía que mantenía con la entonces candidata demócrata al Gobierno de Estados Unidos, Hillary Clinton, y con su esposo, el expresidente Bill Clinton.

> Yo perdí con esa visita la amistad de dos; [Barack] Obama se me quedó enojado y al que yo le caía muy bien, siempre me de-

> cía, me llevaba, me decía: mira lo que ha hecho el señor, las reformas, era a [Bill] Clinton; pero cuando invitó a Trump, ya después lo volví a ver y la relación no fue igual; ese sí me dolió.

♦♦♦

El representante del Grupo Atlacomulco que llegó a ocupar la silla presidencial reconoció para este libro que muchas de las salidas de sus colegas y amigos en el gabinete ocurrieron como si se tratara de un fusible: se quemaron.

En efecto, él se considera un «gran amigo de sus amigos», pero en el ejercicio de gobierno varios funcionarios llegaron a ser insostenibles o, en su defecto, inelegibles para una posible sucesión presidencial.

Por ejemplo, sobre los hombros del entonces líder del Grupo Hidalgo, Miguel Ángel Osorio Chong, llegó a pesar el pésimo manejo de la fuga del criminal Joaquín *El Chapo* Guzmán del Penal del Altiplano, ocurrida el 11 de julio de 2015. En su momento se le preguntó al presidente sobre si eso ameritaba su renuncia, lo que él negó y, años después, parece haber aceptado que se equivocó en esa decisión.

Osorio Chong contó en aquel momento con todo el respaldo para mantenerse en el cargo. Cuando dio una conferencia de prensa en Hidalgo declaró:

> Su servidor tiene una responsabilidad con el país, y quiero decirles que los momentos de crisis no son para renunciar, son para enfrentarlos, y ha sucedido un evento muy delicado que debemos de investigar, sancionar y, por supuesto, recapturar a este delincuente.

♦♦♦

Mientras Osorio Chong contaba con la protección del presidente, y trataba de pavimentar su camino hacia la sucesión, Luis Videgaray fungía como el ariete del peñismo para eliminar del camino a los poderosos del pasado. Estas figuras intentaban hacer valer su influencia en el proceso de selección del candidato o en las negociaciones con el movimiento político del cada vez más fuerte candidato a tomar las riendas del país después de la elección de 2018, Andrés Manuel López Obrador.

El escándalo del grupo de superación personal Executive Success Program (ESP), vinculado a la organización NXIVM, del polémico Keith Raniere, fue el pretexto perfecto para presionar al expresidente Salinas de Gortari, toda vez que en las investigaciones que se llevaban a cabo en Estados Unidos sobre posibles casos de abusos psicológicos y sexuales en esta organización, su hijo Emiliano Salinas Occelli era un actor importante.

Tras la publicación de diversos reportajes de investigación que revelaron las prácticas del grupo de Raniere, y luego de que las autoridades estadounidenses y canadienses comenzaron a investigarlo, Salinas Occelli emitió un comunicado desvinculándose de las acusaciones, pese al marcado involucramiento y cercanía que tenía con la denominada secta NXIVM y con su líder.

En este comunicado de ESP se leía:

> Queremos manifestar que la metodología de Cuestionamiento Racional que impartimos en México, bajo el nombre de Executive Success Program (ESP), está basada completamente en el respeto a los derechos humanos y apegada a todo tipo de marco legal. Es importante aclarar que no tuvimos conocimiento previo de las denuncias realizadas contra el señor Keith Raniere ni de las supuestas prácticas ilegales que involucran a este.

La extradición de Raniere a Estados Unidos luego de ser detenido en una lujosa villa de Puerto Vallarta, Jalisco, por la entonces Policía Federal se hizo en tiempo récord, pues aquel domingo 25 de marzo de 2018 fue trasladado a Texas casi de manera inmediata a su aprehensión. Ahí estuvo la mano de Luis Videgaray, quien se había reunido apenas unos días antes con el yerno de Donald Trump, Jared Kushner, para tratar distintos asuntos de la relación bilateral.

Por todo lo anterior, no llamó la atención que Luis Videgaray fuera uno de los ausentes en la fiesta del cumpleaños setenta de Carlos Salinas, que se llevó a cabo en 2018, en la que departieron miembros del gabinete, gobernadores y el propio Enrique Peña Nieto. Aunque para este último parece que esas pugnas pasaron desapercibidas.

♦♦♦

En medio de la persecución contra el salinismo, la figura de Claudia Ruiz Massieu Salinas empezó a ser innecesaria, por lo menos para los planes de Luis Videgaray, quien enfrentó la crisis por la visita de Donald Trump. En primera instancia, la sobrina de Carlos Salinas resultó victoriosa y tras la visita vio retirarse del gabinete al mexiquense Videgaray; sin embargo, con la victoria del candidato republicano en Estados Unidos, este último regresó para tomar la posición de Claudia.

Peña Nieto recuerda la convulsión que significó ese cambio:

> Fue un momento muy difícil; la interlocución de Claudia con el gobierno de Trump iba a ser muy complicada. Yo sabía que Salinas tomaría el tema casi como una traición, por eso le ofrecí que se quedara en el gabinete, en la Secretaría de Cultura, pero ella la rechazó.

Era de esperarse que la ruptura en el gabinete calara hondo en el expresidente Salinas, a pesar de que este era uno de los más cercanos personal y políticamente a Peña Nieto, o por lo menos así lo tenía considerado él mismo. El expresidente me lo contó así:

> Con Salinas tenía buena relación, pero a lo más yo lo veía en diciembre y alguna vez lo invité a comer; lo veía dos veces al año y no siempre. El único exabrupto que tuve con él estuvo relacionado con Pemex, que tuvo problemas con Lozoya. Honestamente, ni me enteraba.

Los problemas a los que Peña Nieto se refería, y de los que presuntamente nunca se enteró, quedaron plasmados en la declaración que Emilio Lozoya Austin emitió ante la Fiscalía General de la República en agosto de 2020, en la que, entre otros múltiples señalamientos, escribió: «Recuerdo que Carlos Salinas de Gortari cabildeaba a favor de los proyectos de su hijo».[19] Lozoya exhibió que el exmandatario exigía un pago por más de 15 millones de dólares a la empresa AICM, después de que Pemex canceló un contrato de una plataforma marítima operado por su hijo Juan Cristóbal Salinas Occelli.

♦♦♦

A mediados de noviembre de 2016 Peña Nieto llamó a Ildefonso Guajardo, entonces secretario de Economía, para preguntarle si se sentía capaz de encabezar, a nivel técnico, las negociaciones del TLCAN. Sería, le dijo, una «dura batalla» contra los intereses de las industrias más importantes de Estados Unidos. Donald Trump acababa de ganar la Presidencia, y su discurso nacionalista y antimexicano presagiaba una ríspida modernización del principal acuerdo comercial del país.

En paralelo, Peña Nieto consultaba a sus principales asesores para delinear la estrategia política que debería tomar. Al primero que recurrió fue a su amigo Luis Videgaray, a quien le preguntó desde qué posición podría tener más influencia en las negociaciones. Sin dudarlo, el exsecretario de Hacienda le dijo que desde la Cancillería. Su cercanía con el yerno de Trump, Jared Kushner, fue fundamental para abrirse las puertas de Washington, así que comenzó a viajar a la capital estadounidense junto con un grupo de especialistas, a quienes contrató de tiempo completo para que operaran desde su oficina de Julio Verne en Polanco.

Fue así como comenzaron a formarse los equipos para la negociación. En la parte técnica, Guajardo integró a Kenneth Smith, jefe de la negociación técnica del TLCAN; Salvador Behar, jefe negociador adjunto, y Juan Carlos Baker, subsecretario de Comercio Exterior; incluyó también a un grupo de asesores como Jaime Zabludovsky, Herminio Blanco y

Luis de la Calle. Jaime Serra Puche, el líder más visible de la negociación del Tratado de 1994, también fue consultado en varias ocasiones.

En la parte diplomática, Videgaray se encargó de integrar un grupo de cabilderos en el congreso estadounidense y en la Casa Blanca, con la ayuda del recién nombrado en ese entonces embajador de México en Estados Unidos, Gerónimo Gutiérrez. Sin embargo, en la mayoría de las ocasiones el canciller operaba solo. Eran comunes los viajes a Washington sin una agenda pública. Su relación con Jared Kushner y el acceso a información privilegiada (como que a inicios de 2017 Trump pidió a su asesor Rob Porter redactar una carta para iniciar el proceso de salida del TLCAN) le permitieron negociar «por la libre» muchos aspectos del tratado y de la relación bilateral.

Así comenzaron los choques entre Videgaray y Guajardo.

El secretario de Economía, sin embargo, tenía de su lado a los empresarios y al llamado Cuarto de Junto, encabezado por Moisés Kalach y Juan Pablo Castañón. Era él, además, quien conocía los tecnicismos y la «letra chica» de lo que se estaba renegociando, pues fue uno de los funcionarios mexicanos que acompañaron las negociaciones del TLCAN en el siglo pasado. En 1991 Guajardo se integró a la oficina para Asuntos del Tratado de Libre Comercio, con sede en la embajada de México en Washington, la cual dirigió hasta 1994.

La carrera de Guajardo como funcionario público estuvo casi siempre ligada a asuntos de comercio exterior y de relaciones bilaterales. Tras su paso por la Embajada de México en Estados Unidos, fue oficial mayor en la Secretaría de Relaciones Exteriores; subsecretario de Desarrollo Turístico y secretario técnico de Planeación, Comunicación y Enlace en la Secretaría de Comercio y Fomento Industrial. Asimismo, encabezó la representación de México para integrarse al Acuerdo Transpacífico de Cooperación Económica (TPP) y la modernización del Tratado de Libre Comercio con la Unión Europea.

Aún con ese currículum, Guajardo siempre estuvo bajo las órdenes de Videgaray. El expresidente Peña Nieto recuerda a su amigo Luis con una especie de remordimiento, casi al punto de expresar que su salida del Gobierno federal por la visita de Donald Trump fue una injusticia. «Eso le cuesta la salida a Luis de la Secretaría de Hacienda, fue el que pagó los platos; se quemó el fusible de Luis, y se han quemado otros, y yo me resistí a desecharlos», aseguró.

◆◆◆

Luis Videgaray, considerado el principal estratega político del presidente Peña y, para muchos, «el verdadero poder detrás del trono», fue el verdadero «arquitecto» de gran parte del trabajo realizado en el sexenio en el que gobernó el nuevo PRI. De esto dio cuenta también

Emilio Lozoya en la declaración otorgada a la FGR de Alejandro Gertz Manero, quien buscaba un criterio de oportunidad para superar acusaciones por presunta asociación delictuosa y operaciones con recursos de procedencia ilícita sobre el caso Odebrecht.

Lozoya narró en ese entonces diversos momentos en los que afirmó tener instrucciones precisas y directas de Luis Videgaray para supuestamente recibir sobornos, extorsionar y repartir recursos de manera ilícita a diversos personajes de la política, lo que al parecer pasó desapercibido para el presidente Peña Nieto. De lo que sí se enteró fue de los conflictos que empezaron a surgir entre su secretario de Hacienda y el director de Pemex, pero todas las referencias que le llegaron tenían plasmada la versión de Videgaray.

Emilio Lozoya nunca terminó de ganarse a plenitud la confianza de su jefe Enrique Peña Nieto. Videgaray lo recomendó para el cargo y, luego de aislarlo y de cerrarle las puertas de Los Pinos, también lo destituyó. Así lo recuerda Peña en la plática sostenida en Punta Cana:

> Yo no creía nada de lo que Emilio me decía; antes confiaba en él, pero me escondía muchas cosas. Yo preguntaba: «Oye, ¿cómo va este asunto?». «Ya está», me decía. Preguntaba luego y no estaba.
>
> Todo mundo decía que yo lo iba a hacer canciller y la verdad nunca lo tuve siquiera pensado. Yo lo pensé para CFE

> o Pemex, porque yo lo había conocido en ese sector; él nos acercó mucho a empresarios de ese ámbito. Se ve que él ya estaba metido en esos temas.

De lo que sí está seguro Peña es de que «le quedó grande el puesto». «Lo llevó muy mal, hizo una pésima gestión en Pemex», dijo.

También me reveló que los parámetros de evaluación sobre Lozoya se los dictó siempre Luis Videgaray:

> Él empieza muy bien la relación con Videgaray, pero después me dice que hay que removerlo: «Emilio no está atendiendo las finanzas de la empresa; no ha reportado gastos». Yo me tardé como seis meses en removerlo; lo iba a quitar a mediados del 2015 y lo quité en enero del 2016, si no mal recuerdo.

Por esa desconfianza, desconexión e incluso desprecio del presidente fue seguramente que Emilio Lozoya relató, años después, cómo es que, en 2012, por órdenes directas de Videgaray y bajo supuesta petición de Enrique Peña Nieto, se reunió con Luis Weyll, exdirector de Odebrecht México, para solicitar un soborno de cinco millones de dólares que servirían para la campaña presidencial, en concreto para el pago de consultores políticos y electorales provenientes del extranjero.

Según el texto de la denuncia, el exsecretario de Hacienda habría instruido a Lozoya para que se concentrara en captar los recursos para el pago de esos consultores y, una vez obtenidos, Videgaray se encargaría de otorgar datos en tarjetas redactadas a máquina de escribir, con los nombres de empresas y montos por pagar. «Todos los pagos que se realizaron fueron por instrucciones de Luis Videgaray, quien en la campaña fue mi superior»,[20] aseguró Emilio Lozoya en la página 11 de su denuncia.

Lozoya también dio cuenta de la reunión que sostuvo Peña Nieto, ya como presidente electo, con Marcelo Odebrecht, en el marco de una gira por São Paulo, Brasil, presuntamente para estrechar la relación entre el consorcio y el Gobierno de México, y para asegurar el crecimiento de la empresa en territorio mexicano, al amparo del Gobierno al que había apoyado durante el periodo de campaña; todo orquestado supuestamente por Luis Videgaray.

Sin embargo, para Peña Nieto el artífice de la reunión fue precisamente Emilio Lozoya; de hecho, ni siquiera tiene claro cuál fue el objetivo de esa comida en la casa de Marcelo Odebrecht, realizada en septiembre del año 2012. «Yo fui a comer, porque hice mi cita en Brasil y el hijo ofreció una comida; yo conocía a su familia. Comimos y fue una comida normal, no recuerdo que se haya hablado de inversiones o proyectos de esa empresa en México».

Más interesante aún, para Peña Nieto el caso Odebrecht «generó un escándalo de una magnitud desproporcionada con la Presidencia», pues la compañía mantenía una operación prácticamente intrascendente en el país.

Tampoco es una empresa de magnitud tal como la tienen en Brasil, como la tienen en Colombia, como la tienen en otras partes. En México sí está Odebrecht, pero no es lo que imaginan que es; es mucho más grande ICA, todas las empresas son más grandes que Odebrecht en México. Se generó un escándalo de una magnitud desproporcionada con la Presidencia y la verdad el único que tenía relación con ellos era Emilio. Tenían apenas una inversión en México; la tenían en Veracruz, en una planta de polietileno.

♦♦♦

Más allá de la visión que Enrique Peña Nieto tenía de los conflictos en su gabinete, a través de los ojos de Luis Videgaray, la pugna entre él y Lozoya en algún momento llegó a ponerse del lado de su rival, sobre todo con la actuación de Alejandro Gertz Manero en la FGR. De acuerdo con diversos audios divulgados en junio de 2022, se presume que el fiscal concretó un acuerdo con la familia de Lozoya Austin, de tal forma que la actuación ministerial favoreciera los intereses de Emilio, tanto en el descargo de sus propios delitos como, muy probablemente, en la ejecución de procesos judiciales contra sus rivales.

El exsecretario de Hacienda del sexenio de Enrique Peña Nieto, Luis Videgaray, iba a ser detenido en los últimos días de octubre de 2020, en pleno pico de contagios por COVID-19. La FGR quería sorprenderlo a su llegada a

México, donde se llevaría a cabo la boda de su hermano, el comunicador Eduardo Videgaray, y la influencer Sofía Rivera Torres. Todo salió mal, porque ni el exfuncionario viajó al país para presentarse al evento privado ni la Fiscalía pudo conseguir que un juez federal emitiera la orden de aprehensión.

La versión oficial fue que, tras presentar la solicitud judicial, la FGR se desistió de ella, luego de que el juez federal José Zúñiga Mendoza exigió más información para esclarecer diversos puntos contradictorios de la carpeta de investigación contra el exfuncionario del gobierno del priista. De acuerdo con fuentes cercanas al caso, la Fiscalía planeaba aprehender a Luis Videgaray a su llegada al Aeropuerto de Toluca, donde se presumía que aterrizaría a bordo de un avión privado procedente de Estados Unidos.

De cualquier forma, al hombre que fue más cercano al expresidente Peña Nieto se le investiga por diferentes delitos; entre ellos, por la presunta participación en actos de cohecho y de traición a la patria, además de haber tenido un rol central en la comisión de delitos electorales y de corrupción. Desde su retiro no oficial, Luis Videgaray ha calificado de absurdos e inconsistentes los señalamientos que le hace Emilio Lozoya y asegura que mintió en sus declaraciones ante la Fiscalía para intentar librar las consecuencias de sus actos.

Videgaray agregó en su momento que, aunque decidió alejarse de la vida política del país, no permitirá que por una venganza política sea difamado. «Estoy listo siempre para atender el llamado de la autoridad competente y contribuir así al esclarecimiento de la verdad», publicó en sus redes sociales.

Alejado de la política mexicana, relajado y sin carpetas de investigación que le quitaran en aquel momento el sueño, Peña Nieto opina que la declaración de Emilio Lozoya es una infamia; lo mismo piensa de las investigaciones que se hicieron contra prácticamente todos sus colaboradores.

♦♦♦

En 2019 el funeral de Alfredo del Mazo González reunió por última ocasión en suelo nacional a los funcionarios cercanos de Enrique Peña Nieto. Él lo recuerda muy bien, pues en aquella ocasión estuvo acompañado de Angélica Rivera, cuando ya sostenía una relación con la modelo Tania Ruiz. Sobre este tema me comentó en una de nuestras reuniones:

> Me dice Angélica, que ya no estaba yo con ella: «Te acompaño a dar el pésame a Alfredo, la verdad es que yo a Alfredo papá lo quiero mucho». Y yo le digo: «Vamos, acompáñame».
>
> Tania ve las fotos, en las que estoy con Angélica de la mano. La bronca ahora fue al revés; me dijo: «¿Por qué está si ya no está?».

> Bueno, es que era para la foto, porque no he oficializado el tema, pero lo voy a oficializar.

Aunque nunca coincidieron durante la guardia de honor, realizada en el Mausoleo de Toluca, los servicios funerarios de Del Mazo González, quien se desempeñó como gobernador del Estado de México entre 1981 y 1986, fueron una especie de ceremonia de despedida para quienes acababan de entregar las riendas del Gobierno. Todos manifestaron palabras de respeto hacia el político de la vieja guardia; solamente el excanciller, Luis Videgaray, se negó a compartir palabras en público y con la prensa.

Videgaray, la pieza clave para las reformas estructurales impulsadas durante el sexenio de Peña Nieto, optó también por el exilio voluntario. Mantiene un perfil discreto como director de Política de Inteligencia Artificial (AI) para el Proyecto Mundial del Instituto Tecnológico de Massachusetts (MIT). En septiembre de 2022 participó en el Foro de Política Inteligencia Artificial del MIT, junto al diseñador de sistemas Aleksander Madry y la investigadora de sistemas de datos a gran escala Asu Ozdaglar, para discutir los problemas clave que enfrenta el panorama de políticas de este recurso en las eventualidades del presente. Fue una de sus últimas apariciones en público.

♦♦♦

Por otra parte, Miguel Ángel Osorio Chong y Claudia Ruiz Massieu Salinas se quedaron para hacer política en el siguiente sexenio, el de Andrés Manuel López Obrador.

Ambos decidieron abandonar al partido que los abanderó durante décadas, el Revolucionario Institucional, el mismo que mantuvo a sus familiares en el epicentro de la política nacional. Y confinados a un grupo alejado del actual PRI, las antiguas cabezas del movimiento político, que se dice que surgió de la Revolución mexicana, trataron de buscar su nueva tierra prometida, alejados de lo que alguna vez creyeron que fue de su propiedad.

9

EL PUNTO DE QUIEBRE

Ayotzinapa

Los años de gloria que comprendieron la primera parte de la administración de Enrique Peña Nieto terminaron sepultados por una crisis social de magnitud insospechada, para luego dar paso a constantes hechos de corrupción que terminaron colocándolo como el presidente saliente con más baja aprobación de la historia; apenas 24% de la población estaba conforme con su desempeño.

La funesta desaparición de los 43 normalistas de la Normal Rural Isidro Burgos de Ayotzinapa fue el principio del fin de su sexenio.

Al momento de escribir estas líneas, el subsecretario de Derechos Humanos de la Secretaría de Gobernación, Alejandro Encinas, presentaba el Segundo Informe de la Comisión para la Verdad y Acceso a la Justicia del caso Ayotzinapa, creada en la administración de Andrés Manuel López Obrador, como parte de sus compromisos de gobierno: el 89 de los cien prometidos al inicio de su gestión.

Se sigue intentando resolver la incógnita sobre lo que ocurrió entre la noche del 26 y la madrugada del 27 de septiembre de 2014.

Las conclusiones a las que llegó,[21] con la adición de unos ochenta testigos a la versión inicial, no difirieron en gran medida al planteamiento ofrecido en la administración del priista sobre la desaparición de los estudiantes; prácticamente se confirmaron algunos puntos de la llamada «verdad histórica», con la diferencia de que en el equipo de AMLO, y no precisamente en su subsecretario Encinas, había mayor interés por limpiar la participación en aquellos sucesos del Ejército.

Casi una década después el expresidente Peña Nieto confesó para este texto que, cuando supo de la desaparición de los normalistas, anticipó el momento más crítico de su administración. «Cuando nos dimos cuenta de la magnitud del caso Ayotzinapa fue un dolor de cabeza», recupera de entre múltiples anécdotas; entre ellas, que fue el entonces secretario de Gobernación, Miguel Ángel Osorio Chong, quien le reportó lo ocurrido. Luego continúa diciéndome:

> Nos empezamos a meter, a involucrar, ya desde el aparato del Estado federal, pero originalmente lo que nos traía ocupados y con otro dolor de cabeza fue la huelga del Politécnico; habían empezado a marchar por Reforma y en la entrada de la institución se estaban sumando ya varias escuelas. Ya nadie se acuerda de eso.

♦♦♦

Días antes de lo ocurrido en Iguala, el 17 de septiembre de 2014 para ser precisos, había comenzado el denominado movimiento estudiantil «Todos Somos Politécnico», con el que alumnos del Instituto Politécnico Nacional protestaban contra el nuevo reglamento interno de esa institución.

La raíz de la disputa entre la comunidad estudiantil con la entonces directora Yoloxóchitl Bustamante Díez, ratificada por Enrique Peña Nieto el 13 de diciembre de 2012, fueron los cambios que derivaban de las recientes reformas estructurales y en particular de la Reforma Educativa. El expresidente me comentó:

> ¿Te acuerdas que hasta Miguel [Osorio Chong] se paró ahí con los jóvenes? Se echó un discurso, se remangó la camisa, les dijo: «Queridos jóvenes, regresen a clases», pero se adelantó a la crisis. No sé cuántos días habrán pasado, pero, después de eso, empieza a cobrar sonoridad el tema de Ayotzinapa como crimen de Estado.

El involucramiento de Peña Nieto en el caso Ayotzinapa parece haber sido un error de cálculo político. La intención de resguardar a dos de sus colaboradores más cercanos le valió como uno de los responsables de ocultar lo que ocurrió aquella madrugada. Su nombre, presentado como «Enrique N», fue incluso parte del informe en el que Alejandro Encinas estableció que hubo una junta de autoridades, en Los Pinos, para construir la verdad histórica y terminar con las indagatorias.

Se dice que Peña Nieto instruyó proteger, en la medida de lo posible, la actuación de Tomás Zerón, director de la Agencia de Investigación Criminal, y del procurador Jesús Murillo Karam. El primero, refugiado en Israel desde 2020, se encuentra en calidad de prófugo de la justicia mexicana por los delitos de tortura y alternación de pruebas. Por ello el gobierno de López Obrador ha solicitado su extradición en al menos dos ocasiones. «Acabo de recibir una carta del primer ministro de Israel [Benjamín Netanyahu] acerca del interés en ayudarnos, porque está en Israel uno de los que participó en la fabricación del delito de desaparición», comentó López Obrador en una de sus conferencias matutinas en junio de 2023.

Al respecto, Enrique Peña Nieto me comentó que quizá sería difícil de extraditar, en especial por la relación diplomática con Israel y Netanyahu. Me aseguró que habló con Joe Biden, presidente de Estados Unidos, sobre esos vínculos, y que este le confirmó que la relación con ese país es «medio complicada», porque la comunidad judía en Norteamérica se fortaleció con el gobierno de Netanyahu.

Durante nuestras pláticas el expresidente dejó ver el pesar que le generaba la condición en la que se encontraba Murillo Karam, quien fuera uno de sus principales promotores dentro de la vida política. Preso e internado en la Torre Médica de Tepepan, para ser atendido por un cuadro de hipertensión, el exprocurador enfrentaba cargos por los delitos de tortura, desaparición forzada y contra la administración de justicia.

En una tarjeta informativa hecha pública por su defensa legal se lee:

> El deterioro que ha sufrido la salud de Murillo Karam desde y con motivo de su internamiento es notorio, por tal motivo hemos solicitado insistentemente que se le imponga una medida cautelar diversa o, en su caso, se le permita ejecutar la prisión preventiva en su domicilio particular.

Chucho —a quien se refiere con cariño todavía el expresidente—, se «quemó» por el tema de Ayotzinapa:

> Nos dimos cuenta de que la investigación condujo a que sí eran los delincuentes de un grupo peleado. Y había algunos jóvenes de estos que trabajan para una de estas organizaciones, Los Rojos, si no me equivoco. Algunos de ellos estaban reclutados [...] Había un estudiante de Ayotzinapa que era militar, era soldado y en algún momento lo mataron. Era parte de la labor de inteligencia del Ejército, pues las normales rurales son punto de inflexión muy fuerte. El Ejército, a final de cuentas, para cumplir la labor de Seguridad Nacional seguramente tiene elementos infiltrados en muchos lados.

Desde Punta Cana recordó que, en ese momento, se opuso a la renuncia del entonces gobernador de Guerrero, Ángel Aguirre Rivero, a pesar de que la recomendación de sus cercanos era empujar su salida del encargo, debido a que ya era insostenible y tenía serios problemas de gobernabilidad en su estado. «Él ya podía reconocer que tenía problemas serios de gobernabilidad, no se podía parar en ningún lado; lo golpeaban, le chiflaban, lo apedreaban, ya no podía».

En octubre de 2014, luego de un mes de la desaparición de los normalistas, Ángel Aguirre pidió licencia como gobernador de Guerrero «para favorecer las investigaciones» sobre lo ocurrido en Iguala. Aunque nunca más volvió al encargo y fue sustituido por Rogelio Ortega.

No se le imputó culpabilidad por los hechos. Por el contrario, el exalcalde de Iguala, José Luis Abarca Velázquez, fue condenado por un juez federal a 92 años de prisión y a pagar una multa de casi un millón de pesos. Determinó el regulador sobre el caso:

> Por su responsabilidad penal, se imponen a José Luis Abarca Velázquez, las penas de 92 años y seis meses de prisión, y la multa judicial de 15 000 días, equivalente a 920 700 pesos, sustituible esta última por 15 000 jornadas de trabajo en favor de la comunidad.

El exedil se encontraba preso en el penal federal del Altiplano, Estado de México, donde comparte juegos de básquetbol, voleibol y futbol con otros exfuncionarios como Mario Marín, exgobernador de Puebla (2005-2011); Javier López Zavala, exdiputado federal, y también con varios policías relacionados con el caso Ayotzinapa.

La Secretaría de Gobernación del gobierno de Andrés Manuel López Obrador, a cargo de Luisa María Alcalde, refirió en su momento a través de Alejandro Encinas que, hasta agosto de 2023, 116 personas estaban detenidas y vinculadas a proceso penal por su presunta responsabilidad en la desaparición de los normalistas. También dio a conocer que 32 integrantes del grupo delictivo Guerreros Unidos habían sido procesados, además del exprocurador general de la República, Murillo Karam, y el exdirector antisecuestro de la Subprocuraduría Especializada en Investigación de Delincuencia Organizada (Seido), Gualberto Ramírez Gutiérrez.

«De un total de 169 personas consignadas, han sido exoneradas por jueces 77», refirió el subsecretario de Derechos Humanos, Población y Migración de la Secretaría de Gobernación (Segob), Alejandro Encinas. Mediante un video en redes sociales, difundido el 19 de agosto de 2023, dio a conocer también que, por parte del estado de Guerrero, se encontraba en prisión el exsecretario de Seguridad Pública local, Leonardo Octavio Vázquez Pérez; el expresidente municipal de Iguala, José Luis Abarca; la expresidenta del Sistema para el Desarrollo Integral de la Familia (DIF) de Iguala, María de los Ángeles Pineda, además de 46 policías municipales; dos de Cocula, nueve de Huitzuco y 39 de Iguala.

Por la magnitud del caso en cuestión, dos años antes de la llegada de Andrés Manuel López Obrador a la Presidencia de la República en 2016, la Comisión Interamericana de Derechos Humanos creó el Mecanismo Especial de Seguimiento del asunto Ayotzinapa (MESA), mediante la resolución 42/16. Al frente del MESA se colocó a la relatora para México, la comisionada Esmeralda Arosemena de Troitiño. Al mecanismo se le dio el objetivo de dar seguimiento a los términos de la Resolución de la Medida Cautelar 409/14, emitida el 3 de octubre de 2014 y, en ese marco, a las recomendaciones de los investigadores internacionales que asumieron la responsabilidad de dar seguimiento al caso Ayotzinapa, el conocido Grupo Interdisciplinario de Expertos Independientes (GIEI).

Sobre estas organizaciones, el expresidente Enrique Peña Nieto no tuvo muy buenos comentarios. «En ocasiones lucran con el dolor humano; se sostienen a partir de sus menciones internacionales que les dan sonoridad. Me fui dando cuenta que los integrantes eran de países como Argentina y Chile, donde tienen el prejuicio de que los militares son todos malos». Años más tarde, su sucesor López Obrador parecía tener la misma impresión.

♦♦♦

Casa Blanca

En noviembre de 2014, casi dos meses después de la gran crisis de Ayotzinapa, una segunda y devastadora calamidad llegaría a poner punto final a los años de gloria del sexenio: un equipo de periodistas de investigación, encabezado por la comunicadora Carmen Aristegui, hizo público el reportaje sobre la «Casa Blanca» del presidente y su esposa Angélica Rivera.

El inmueble valuado en siete millones de dólares, ubicado en el número 150 de la calle Sierra Gorda, en Lomas de Chapultepec, Ciudad de México, era propiedad del Grupo Higa de Juan Armando Hinojosa Cantú, una empresa ganadora de varios contratos en los gobiernos mexiquense y federal, que ascendieron a más de 20 000 millones de pesos.

El expresidente Enrique Peña Nieto reconoció que el tema de la Casa Blanca marcó e impactó de manera negativa su gobierno, incluso que golpeó la credibilidad de la institución presidencial. En nuestra plática reconoció que se equivocó en la estrategia de contención y que esta contribuyó a que el asunto terminara en un gran desastre: «Nunca debí permitir que mi esposa diera esa explicación y que se expusiera de tal forma».

Angélica Rivera afirmó en 2014 haber obtenido la propiedad como resultado del término de su relación contractual con Televisa.

> Yo me comprometí a que una vez que se terminara la casa celebraríamos un contrato de compraventa. La inmobiliaria consiguió y adquirió el terreno de Sierra Gorda 150 que está junto a la casa de Palmas. Una vez concluida la casa el 12 de enero de 2012, firmé con la inmobiliaria una compraventa con reserva de dominio respecto a los inmuebles fusionados 150 y 160 de Sierra Gorda, así como con las construcciones en ellas. La casa y las construcciones siguen siendo propiedad de la inmobiliaria hasta que yo haga el pago total del precio pactado y de todos sus intereses.[22]

Peña Nieto recuerda ese hecho como un escándalo. Narra la cobertura que hicimos los medios de comunicación al respecto y comentó que solo una televisora no intentó «golpearlo» con el caso. Sospecha, según me dio a entender, que muchos quisieron «tenderle la cama», algunos incluso de los que él consideraba sus amigos.

Desde el segundo año de su mandato el priista notó que había distintos grupos, políticos y empresariales, que buscaban generar un escenario de incertidumbre, al grado de orillarlo para que dejara la silla presidencial. «Esto ocurre justo antes de que yo cumpliera dos años, me querían chingar, me querían tirar». De acuerdo con su relato, lo más complicado de su proyecto —las reformas estructurales— ya se había logrado para entonces; por lo que diferentes fuerzas habrían incentivado una turbulencia tan fuerte e irremediable para, finalmente, convocar a nuevas elecciones.

En diciembre de 2014, el año de la ruptura entre el expresidente y sus gobernados, el diario *The Wall Street Journal* reveló que Luis Videgaray, el flamante «hombre fuerte» del gobierno de Enrique Peña Nieto, adquirió asimismo una casa de 850 m^2 en un club de golf ubicado en la zona de Malinalco, con facilidades otorgadas por la empresa H&G, también de Juan Armando Hinojosa. El costo del inmueble fue de aproximadamente 7 500 000 pesos.[23]

A mediados de 2015 el entonces titular de la Secretaría de la Función Pública, Virgilio Andrade, determinó que ni el expresidente ni su colaborador incurrieron en conflicto de interés o en delitos de ejercicio indebido de la función pública al adquirir sus respectivos inmuebles.

De acuerdo con las conclusiones de la SFP, la adquisición de la casa de Enrique Peña se efectuó antes de que el priista asumiera la Presidencia, razón por la cual no hubo ninguna participación de su parte «en los procedimientos de contratación, lo que excluye la existencia de un beneficio, provecho o ventaja» que pudieran constituir un delito.

Odebrecht

Sobre el escándalo de corrupción global de Odebrecht, la constructora brasileña que pagó sobornos en 12 países, incluido México, yo mismo di detalles en mi libro *Lozoya, el traidor*, publicado en 2021; no obstante, no podía dejar de preguntarle al expresidente el panorama que enfrentó cuando detonó el conflicto en 2016.

De entrada, sobre Emilio Lozoya, para entonces preso en el Reclusorio Norte, sabemos que Enrique Peña Nieto lo considera alguien que no habla con la verdad, pero tenía muy claro que él y Marcelo Odebrecht eran más que simples conocidos y colaboradores: eran muy buenos amigos. El exdirector de Pemex y el expresidente de la constructora, quien estuvo dos años preso en Brasil, se comunicaban como entrañables amigos y cómplices.

Dentro de las pruebas que respectivamente obtuvieron las fiscalías brasileña y mexicana figuraba una serie de correos electrónicos que fueron enviados o respondidos por Emilio Lozoya. Uno de los delitos que se le imputaron fue haber recibido sobornos por parte de Odebrecht para la campaña presidencial de Enrique Peña Nieto. El exdirector de Pemex dijo entonces que había sido presionado por sus superiores para aceptarlos, pero los correos evidencian esa relación de amistad y complicidad con los directivos de la constructora brasileña. «Con lo que no contaba Lozoya, y es una sorpresa para él, es que Odebrecht fuera a conversar con los americanos», me dijo.

Peña Nieto me aseguró que, desde su exilio voluntario, le daba seguimiento puntual al caso Odebrecht y al estatus que enfrentaban en materia judicial sus excolaboradores; tenía muy fresco en la mente que a la constructora brasileña la sancionaron en Estados Unidos, y que le impusieron una multa brutal de 3 500 millones de dólares. Pero además de la sanción, «ahí tuvieron que soltar la sopa de dónde y con quién hicieron las cosas».

Cuando en febrero de 2016 José Antonio González Anaya tomó posesión de la dirección de Pemex, la mayoría de los directivos relacionados con Emilio Lozoya ya había salido de la empresa petrolera. A petición de Luis Videgaray se iniciaron auditorías a la gestión del exdirector; más tarde, en febrero de 2017, la Auditoría Superior de la Federación (ASF)[24] publicó un extenso documento con irregularidades que retrataban fielmente la frivolidad y el «cinismo» que se alcanzó en ese sexenio, catalogado como el de mayor corrupción, como los vuelos injustificados en los aviones de la empresa y las compras de activos inservibles a precios estratosféricos.

10

TIEMPO DE ACUERDOS

Todo gobernante sueña con la idea de elegir al perfil que lo releve en el cargo para dar continuidad a sus proyectos de gobierno y garantizarse un retiro en tranquilidad. Cuando las tendencias son contrarias e imposibilitan la designación de un sustituto, las expectativas se concentran en que quien llegue al poder por otro partido no busque cobrar revanchas y persiga a los funcionarios del gobierno saliente, en particular al mandatario. Para ello se requieren acuerdos y pactos.

El 30 de enero de 2017 el periodista Salvador García Soto publicó un trabajo periodístico que marcaría el rumbo de la sucesión presidencial. Bajo el titular «Peña y Anaya: el pacto de Los Pinos»,[25] expuso un acuerdo entre el entonces presidente de la República y quien se perfilaba como candidato presidencial del Partido Acción Nacional, Ricardo Anaya Cortés, para bloquear la victoria en las elecciones del candidato de la izquierda, Andrés Manuel López Obrador.

El texto publicado en el periódico *El Universal* versaba sobre una reunión en Los Pinos, el viernes 20 de enero de ese mismo año, en la que habrían participado Anaya Cortés, en su calidad de presidente del PAN, su asesor Santiago Creel y el entonces presidente Enrique Peña Nieto. Luego se aseguró que también estuvo presente Luis Videgaray, quien como canciller impulsaba las aspiraciones de Anaya con el supuesto beneplácito de un Donald Trump que llegaba a gobernar, ese mismo día, a Estados Unidos.

El pacto contemplaba una contienda leal entre el PRI y el PAN en los comicios para elegir gobernador del Estado de México en 2017; Josefina Vázquez Mota sería la candidata del partido blanquiazul y competiría contra el primo del entonces presidente, Alfredo del Mazo Maza. Al ganador se le reconocería sin miramientos la victoria. La segunda parte del supuesto acuerdo se leía todavía más interesante: Ricardo Anaya recibiría el apoyo del partido oficial para ganarle a López Obrador en la elección por la Presidencia.

De una u otra manera, el artículo de García Soto pareció definir en los siguientes meses la relación entre Ricardo Anaya y Peña Nieto. La mayoría de las fuentes que participaron en este trabajo coincidió en que, cuando al líder nacional del PAN le tocó salir a desmentir el pacto, simple y sencillamente «se le pasó la mano».

En esos tiempos Anaya empezó a disfrutar de la rentabilidad que le daba señalar la corrupción del presidente en turno, lo mismo que hacía AMLO y, más adelante, prometió que de llegar a la Presidencia metería a Peña Nieto a la cárcel.

«Por supuesto que sí. Ya estuvo bueno de que haya intocables en nuestro país, aquí el que la haya hecho la tendrá que pagar, y esto incluye al presidente de la República, Enrique Peña Nieto»,[26] respondió Anaya en marzo de 2018 a preguntas expresas de los medios de comunicación, los cuales insistían en obtener declaraciones del ya candidato en ese momento sobre si buscaría llevar al presidente a prisión.

El entonces candidato presidencial del PAN, en franca confrontación con el aparato del Estado, declaró:

> Nosotros sostenemos que las acusaciones de corrupción contra este gobierno son verdaderamente graves, como la Casa Blanca, que jamás terminó de aclararse, también el socavón del Paso Exprés de Cuernavaca, la Estafa Maestra y los desvíos por más de 6000 millones de pesos en Sedatu y Sedesol.

La contienda en el Estado de México tampoco se desarrolló como se supone que estaba «pactada». Josefina Vázquez Mota quedó en un muy lejano cuarto lugar tras las votaciones de 2017, en lugar de disputarse la cima con el candidato del PRI, quien finalmente resultó ganador.

Si bien Vázquez Mota acertó un muy buen golpe a la entonces candidata de Morena, Delfina Gómez, al denunciar el famoso «diezmo» con el que descontó 10% del salario de los trabajadores del Ayuntamiento de Texcoco para financiar el nacimiento de Morena como partido político nacional; también recibió un devastador ataque público por los más de 900 millones de pesos que se descubrió que el gobierno de Peña Nieto le destinó a su organización de apoyo a migrantes «Juntos Podemos».

El PAN siempre sospechó que los ataques contra Vázquez Mota tuvieron como origen las oficinas de Los Pinos, y también las del Edificio Tlatelolco de la zona centro de la capital del país, donde despachaba Luis Videgaray. Para el candidato priista, Alfredo del Mazo, era indispensable quitar del camino a la abanderada de Acción Nacional, debido al riesgo que representaba el acelerado crecimiento de la candidata morenista, quien aprovechaba la poderosa figura que para ese momento ya representaba Andrés Manuel López Obrador en el panorama político nacional.

De la noche a la mañana el posible pacto del gobierno de Enrique Peña Nieto con el PAN se convirtió en un escenario imposible, de modo que, en aras de asegurar una transición política pacífica, la tranquilidad y el privilegio de la libertad, el equipo de Los Pinos decidió buscar el acuerdo con aquella fuerza política que se perfilaba para ganar en las elecciones federales: Morena.

◆◆◆

Enrique Peña Nieto niega rotundamente cualquier tipo de pacto con Morena.

«No hubo tal, es un invento», me dijo en la primera entrevista que le hice en un restaurante de Punta Cana, para después enumerar y describir las únicas reuniones y comunicaciones que ha tenido con Andrés Manuel López Obrador desde que lo conoció.

«Fueron cuatro encuentros», me aseguró. La última reunión fue en su casa de Tlalpan, en la que estuvo también su esposa Beatriz Gutiérrez Müller, quien, además de ser la encargada de servir los platillos de una comida en la que no hubo empleados domésticos, les tomó una fotografía que después compartiría el mandatario entrante en sus redes sociales. Otras fotos se quedaron guardadas en el teléfono celular de Peña Nieto, quien conserva todavía las imágenes en su memoria de almacenamiento.

El expresidente me compartió los pormenores de esa reunión: relató que fue la única vez que vio a Beatriz Gutiérrez y que incluso la conoció en aquel momento. «Por cierto, me cayó muy bien, nada más estábamos los tres», precisó. Ella servía la comida. «¿Cómo nos sentamos?», preguntó el mexiquense y propuso dejar a quien sería la «no primera dama» en la cabecera. Pero comía y se paraba, comía y se paraba. Peña recuerda que, cada vez que ella se paraba, él también se paraba y le decía: «Ya no se pare».

Al terminar de comer, de acuerdo con el relato del expresidente, la señora Gutiérrez Müller finalmente tomó su asiento en la mesa. «Platícale a mi esposa», le dijo López Obrador, «¿verdad que esto de ser presidente no es nada glamuroso?». Peña Nieto explicó entonces que, efectivamente, todo mundo piensa que ser presidente es un ejercicio glamuroso, pero que de eso no tiene nada. Le explicó que es una situación dura, porque un presidente no siempre les va a caer bien a todos, con razón o sin razón. «Hasta alguien al que se le poncha la llanta en un bache va a decir: "Pinche presidente"». Le dijo a Andrés Manuel que lo iban a molestar con todo, que emocionalmente era un gran desgaste, por lo que habría que tener fortaleza emocional.

La conversación se hizo todavía más interesante y llegó la pregunta clave: «¿Qué me aconseja?», le soltó López Obrador. Peña Nieto le dijo que no podía ayudarle mucho porque cada situación y momento son diferentes, pero le insistió en que era importante escoger un buen gabinete, aunque, al final de cuentas, la responsabilidad siempre sería de uno. «¿Qué más le podría sugerir, si usted es ya un actor político?», le expresó.

Sin embargo, López Obrador insistió y fue entonces cuando Peña Nieto le hizo una recomendación sustancial, la cual, según se vio en las decisiones del primer sexenio que gobernó Morena, se siguió al pie de la letra. Le dijo que tuviera cuidado del empresariado; solo de algunos: «De los que se dicen sus amigos de Monterrey».

Peña le relató que, de manera previa a las elecciones intermedias de 2015, recibió la visita de lo que identifica como la cúpula empresarial de Monterrey. Le fueron a decir que decidiera quién iba a ser la candidata del partido, que la iban a apoyar y que estaban muy contentos con los perfiles. La decisión estaba entre las entonces senadoras priistas Ivonne Álvarez García, quien resultó al final elegida, y Cristina Díaz Salazar.

«Venimos a decirle, señor presidente, que vamos a apoyar a su candidata, a la que usted decida», es la oferta que recuerda Peña Nieto de esa conversación. Los empresarios la hicieron a espaldas de Rodrigo Medina de la Cruz, gobernador de Nuevo León de 2009 a 2015. Al final varios de ellos terminaron apoyando a Jaime Rodríguez Calderón, mejor conocido como el Bronco.

◆◆◆

Peña Nieto también asegura que son infundados los rumores de un supuesto acuerdo entre su partido, el PRI, y el panismo de Felipe Calderón, para que él mismo llegara a la Presidencia. «Es una especulación que hubo un acuerdo; es hasta torpe. Los mismos decían que lo había hecho Felipe Calderón con el PRI, nada más que ya nadie se acuerda de eso», afirma y luego se toma unos minutos para elaborar sobre dichas versiones:

> Cuando sale Calderón yo llego a la Presidencia y no hay persecución en su contra. El expresidente se fue un año a Estados Unidos, a Harvard. Yo nunca tuve ese afán, ni contra él ni contra nadie de su gente. Todavía me acuerdo, al principio, sí andaba caliente con algunos factores, pocos, pero sí.

Sin embargo, pese a no existir una persecución política contra el último presidente panista, sí lo hubo para otros personajes cercanos al régimen de Vicente Fox y el exsecretario de Energía. Fue el caso de Elba Esther Gordillo, exdirigente del Sindicato Nacional de Trabajadores de la Educación.

La Maestra fue detenida en febrero de 2013 en el Aeropuerto de Toluca, Estado de México, acusada del desvío de fondos del presupuesto del sindicato de maestros, uno de los más grandes y con mayor poder político del país, junto al de Petróleos Mexicanos.

Si bien no existía una mala relación entre el priista y la lideresa sindical, y mucho menos pudiera hablarse de una venganza política, la detención era una oportunidad para lograr la inminente Reforma Educativa que formó parte del paquete estrella de reformas estructurales que impulsó EPN desde su campaña. Además, ya se sabe, todo presidente busca dar su «golpe de legitimidad» al llegar al Gobierno.

Me relató el exmandatario:

> A la maestra yo la conocí, la había tratado siendo gobernador, siendo electo comí con ella, de trato amable. Pero yo en el fondo decía que estaba muy empoderada con los dos gobiernos anteriores. Y mi primera señal de que la fórmula se hizo igual es que ella tenía una historia política de desencuentro. Era muy marcada la diferencia política que había entre la maestra.

♦♦♦

En lo que respecta a un supuesto pacto con Andrés Manuel López Obrador y su equipo, Peña Nieto asegura que el actual presidente habría llegado a su cargo sin ningún tipo de apoyo oficial. No había posibilidad alguna de que su colaborador José Antonio Meade, quien competía por el PRI en calidad de externo, modificara las tendencias en una elección que arrojaría al primer mandatario surgido de los movimientos de izquierda.

Para el exmandatario, la tercera derrota en elecciones presidenciales del partido fundado en 1929 tuvo su origen en el número de veces que compitió y recorrió el país el actual habitante de Palacio Nacional: «Casi dos décadas de campaña», así como el desgaste que en aquel momento ya arrastraba el partido oficial. Me comentó el expresidente:

> La lógica y los resultados hablan por sí mismos, viendo las cosas con objetividad cuando tienes una elección donde gana con el 53% lo que evidencia es que fue el respaldo del electorado y del pueblo mexicano lo que lo hace tener ese cargo.
>
> Creo que se quedó el fantasma en México de que el presidente en turno es quien pone al otro presidente y eso no es así, eso ya pasó a la historia. Creo que desde el 2000 vivimos una transición democrática, dejando claro a los mexicanos que el voto del pueblo cuenta y se cuenta bien, y que eso da lugar a que una elección gane una opción política u otra.

Por otro lado, como si fuera necesario que no quedara duda alguna sobre la limpieza de un proceso electoral que dio como ganador por primera vez a un partido que no fuera el PRI o el PAN, el presidente López Obrador ha sostenido que la relación con su antecesor, EPN, ya retirado de la política, es de «pura transparencia», y parece intentar dejar de lado el mito de que los expresidentes son «intocables».

El 7 de julio de 2022 apareció en la conferencia de prensa de Palacio Nacional[27] el titular de la Unidad de Inteligencia Financiera, Pablo Gómez, quien reveló aquella investigación sobre las finanzas de Peña Nieto y señaló, entre otros datos, que este recibió más de 26 millones de pesos en transferencias bancarias internacionales entre 2019 y 2021. Y se le vinculó con la firma Plasti-Esteril S. A. de C. V., relacionada con un corporativo, Baxter International, que recibió contratos por 9646 millones de pesos durante el sexenio priista.

Tras el mensaje, el presidente tabasqueño se apresuró a aclarar que, tanto él como Peña, estaban en contra de perseguir judicialmente a los exmandatarios. En esa ocasión el presidente morenista comentó:

> Este asunto que se dio a conocer hace unos días es porque había ese antecedente y cuando me preguntan pues yo no puedo mentir ni puedo ocultar nada. Por eso se da a conocer que, como persona expuesta, que lo somos todos los servidores públicos, las operaciones que llevamos a cabo las revisan y terminan en Hacienda, son notificadas por los bancos a inteligencia financiera.

El dardo enviado hacia Peña Nieto tenía una intención clara. Se acercaban decisiones importantes para la elección del Estado de México y en el ambiente político se escuchaba que el primer y único presidente que generó el Grupo Atlacomulco tenía muchas intenciones de meter las manos en la elección de su estado, para intentar asegurar la permanencia del único partido que hasta ese momento había gobernado el territorio.

Durante las primeras pláticas sostenidas que tuvimos en Madrid, Enrique Peña Nieto me confesó que ese rumor faltaba a la verdad —quizá porque el mensaje de la conferencia mañanera había surtido ya el efecto esperado—, pero sí se atrevió a asegurar que su primo, Alfredo del Mazo Maza, difícilmente entregaría la plaza. «La va a pelear con todo», expresó, aunque los hechos posteriores demostraron que el último gobernador priista del Estado de México no hizo lo necesario.

♦♦♦

Tras haber quemado en la hoguera de su conferencia de prensa matutina del 7 de julio de 2022 a Enrique Peña Nieto, el presidente López Obrador insistió en su conferencia matutina:

> Nosotros no establecemos relaciones de complicidad con nadie, pero nuestros adversarios, que tienen muy buena imaginación hasta para inventar cosas, hablan de pactos, de acuerdos; entonces quisieran que nosotros ocultemos información para que salgan medios a decir se está protegiendo al expresidente Peña Nieto. No. Nosotros actuamos con transparencia y lo vamos a seguir haciendo.

Desde Punta Cana y a pregunta expresa sobre el tema, sin controvertir ni titubear, Peña Nieto afirmó que no solo no concretaron un pacto, sino que sus encuentros en vivo fueron contados y acotados.

Enrique Peña Nieto aseguró que, tras la toma de posesión como presidente del candidato de Morena, nunca más volvió a tener contacto con López Obrador:

> No volvimos a tener comunicación ni diálogo. La penúltima vez fue a unos días de que él asumiera la Presidencia y quizá la última vez que me despedí de él fue precisamente cuando le impusieron la banda presidencial, estuve en el evento y me despedí.

Luego me comentó que sí hubo facilidades, pero solo las necesarias para que se concretara una transición política pacífica. «Al final de cuentas, cuando asumes una responsabilidad política como lo es el ser presidente tienes que ser respetuoso del proceso democrático y dar todas las facilidades a quien eventualmente tomará tu lugar».

En artículos de opinión y en las redes sociales trascendieron versiones sobre supuestas llamadas telefónicas entre López Obrador y Peña Nieto para ratificar el pacto de «no agresión»,[28] sobre todo frente a sucesos que los afectaban a ambos y que semejaban el inicio de una guerra sucia; por ejemplo, la detención de Emilio Lozoya y la difusión de videos de los hermanos de López Obrador, Pío y Martín Jesús, Martinazo, recibiendo dinero en efectivo.

Peña Nieto niega lo que él llama «elucubraciones» de algunos.

Al expresidente de México se le nota desconectado de muchos de los temas políticos finos del país. De repente recibe llamadas de «amigos» que le comparten información del contexto nacional e internacional; temas generales o de coyuntura, pero en realidad se percibe como una persona aislada y sin el interés de hacer sentir su mano en el territorio que alguna vez gobernó.

♦♦♦

Explícita o implícitamente, los hechos evidencian un «pacto de caballeros» en el que ninguno de los dos, presidente y expresidente, tiene permitido atacarse o debilitarse en lo político.

Si bien no hay indicios de que ambos hayan participado directamente en las negociaciones o definición del acuerdo, las fuentes consultadas relatan acercamientos de los equipos de trabajo, en especial de operadores cercanos a Luis Videgaray con el político zacatecano Ricardo Monreal.

Desde el año previo a la conclusión del sexenio, en 2017, el priismo tenía certeza de que Enrique Peña Nieto entregaría la banda presidencial a Andrés Manuel López Obrador, por lo que empezó una carrera entre los líderes tricolor para generar vínculos con el partido Morena y con los personajes que formarían parte del nuevo gobierno.

Divididos desde la elección de 2012, por la conocida inconformidad de Carlos Salinas de Gortari ante las formas características del nuevo PRI, se inició una carrera entre el salinismo y el peñismo para concretar un pacto con el cada vez más poderoso obradorismo. Ambos grupos requerían protección para sus intereses y negocios, por lo que ofrecían apoyo en los procesos de negociación política y empresarial, con esquemas que garantizarían que el político tabasqueño no fuera «víctima» de un posible fraude una vez más.

Los enviados de Salinas de Gortari tocaron la puerta primero. En los primeros meses de 2017 se reunieron con quien fuera coordinador de campaña del morenismo, Ricardo Monreal, y le ofrecieron el apoyo de la original estructura neoliberalista para llevar a la victoria a López Obrador. Mientras tanto, el equipo de Peña Nieto evaluaba los tamaños de Ricardo Anaya para apoyarlo y usarlo como contrapeso del aspirante que sumaría su tercer intento por llegar a la silla presidencial.

El apoyo de Salinas era de interés en el cuarto de guerra de López Obrador.

En el discurso del tabasqueño el expresidente era identificado como el villano causante de prácticamente todos los males del país, y por tanto, el culpable de que la Presidencia aún no estuviera en sus manos. Si en la mente de los morenistas Salinas de Gortari era el responsable de los complots que descarrilaron hasta en dos ocasiones las aspiraciones de su líder, el apoyo de ese inconmensurable poder político representaría sin lugar a dudas la victoria.

Sin embargo, el acuerdo entre Salinas y López Obrador, o por lo menos entre sus equipos de trabajo, nunca pudo concretarse. Se cruzó en el proceso Luis Videgaray, quien con el mismo punto de contacto en el equipo de AMLO dejó en claro al morenismo que los pactos tenían que firmarse siempre con el gobierno actual, por muy poderosa que fuera una figura que había gobernado dos décadas atrás y aunque esa figura se tratara del expresidente Carlos Salinas de Gortari.

Para Peña Nieto aquellos movimientos parecieron ser intrascendentes, pero en su nombre se desató una persecución contra los vestigios de un salinismo que al parecer quería asegurar su permanencia y protección en lo que se observaban como los hostiles tiempos de la denominada Cuarta Transformación. El hijo del expresidente Carlos Salinas, Emiliano Salinas Occelli, fue revisado en todas sus operaciones financieras, y en este contexto se entiende también el grado de escándalo que alcanzó en el país el caso del grupo de negocio Executive Success Program, brazo en México de la secta NXIVM, liderada por Keith Raniere, líder que a finales de 2020 fue sentenciado a 120 años de prisión en Estados Unidos por delitos asociados a tráfico sexual y asociación delictiva.

Sin importar el nivel al que llegaron los acercamientos entre Morena y los equipos de los dos últimos iconos priistas del país, los resultados en ambos casos fueron satisfactorios: Carlos Salinas de Gortari y Enrique Peña Nieto pasan largas temporadas en la capital española; sin poder político o amplio margen de maniobra, pero sin noticias escandalosas sobre sus negocios y escuchando con frecuencia los señalamientos que se hacen desde el otro lado del océano contra el expresidente panista Felipe Calderón, también avecindado en Madrid.

♦♦♦

El damnificado de los puentes que el priismo tendió con el equipo de López Obrador fue el candidato del Partido Acción Nacional a la Presidencia en 2018, Ricardo Anaya. Quien se perfilaba como el candidato favorito de Enrique Peña Nieto y del salinismo, a través del abogado y excandidato presidencial Diego Fernández de Cevallos, terminó siendo el blanco de un proceso de aniquilación que permitiría abrir finalmente el paso del político y dirigente tabasqueño hacia la entonces residencia oficial de Los Pinos, la cual nunca utilizó porque decidió irse a vivir al Palacio Nacional, en el Centro Histórico.

Ungido como candidato del panismo, a principios de 2018 y a pocos meses de las votaciones, Anaya fue señalado de lavar 44 millones de pesos mediante una operación de compraventa de una nave industrial en la que se vieron involucradas presuntas empresas fantasma. Las razones sociales: Juniserra, S. A. de C. V. y Manhattan Masterplant

Development. En la operación también se vio involucrado el empresario Manuel Barreiro Castañeda, presunto patrocinador de la campaña del aspirante blanquiazul.

Un par de días antes de que concluyera el gobierno de Enrique Peña Nieto, el 28 de noviembre de 2018 la Procuraduría General de la República (PGR) cerró la carpeta de Ricardo Anaya y lo exoneró, pues de acuerdo con el entonces subprocurador especializado en Investigación de Delincuencia Organizada, Alonso Israel Lira Salas, «una vez concluida la investigación, no se acreditó la ilicitud del recurso, por el contrario, se estableció la existencia de los recursos y que devienen de un crédito». Andrés Manuel López Obrador sería presidente y encarcelar a Anaya no era el objetivo final, de modo que para el equipo de Peña Nieto la carpeta de investigación ya no era necesaria.

No obstante, esta se volvió a abrir de manera extrajudicial el 1.° de septiembre de 2021, cuando el excandidato panista enviaba videos a AMLO para «restregarle» la victoria electoral que en ese año la oposición obtuvo en la capital del país.

♦♦♦

Entrado en confesiones y en los momentos clave de su vida política, Enrique Peña Nieto le da un sorbo a su copa de vino y eleva la mirada para traer a su mente los recuerdos más nítidos.

«Yo tenía dos candidatos: Pepe Meade y Pepe Narro», suelta abruptamente. Luego añadió: «Así como en su momento López Portillo con De la Madrid y García Paniagua, yo pensé en dos».

De acuerdo con el expresidente, su apuesta fue el Congreso y lograr por lo menos un tercio de los votos; para eso necesitaba a un candidato que transitara entre PRI y PAN. La apuesta final fue José Antonio Meade.

Conforme se acercaba el día de la elección y debido a que ni Meade ni Anaya lograban subir lo suficiente en las tendencias electorales, Peña Nieto recibió una última solicitud, al parecer desesperada, de un grupo de empresarios.

En mayo de 2018, un grupo de empresarios pertenecientes al Consejo Mexicano de Negocios pidió una cita con el todavía presidente para proponerle una eventual candidatura del magnate Carlos Slim Helú.

Puntualmente, Peña Nieto no trae en la memoria los detalles, pero fuentes cercanas al priista aseguran que fueron Alejandro Ramírez Magaña, propietario y director general de Cinépolis, y Eduardo Tricio Haro, accionista principal de Grupo Lala, quienes pidieron al entonces mandatario hablar con el multimillonario para proponerle que se lanzara como candidato.

Al parecer, Peña Nieto transmitió el mensaje «por no dejar», aunque les anticipó a los empresarios que era una «locura». Finalmente, Slim declinó la postulación y se cerró el tema.

«Sí me llegaron a insinuar algunos empresarios que bajara a Meade, que declinara por Anaya», recuerda el expresidente. «Evidentemente no iba a dejar a mi candidato para apoyar a Anaya», señala. Y esboza una frase desde lo más profundo de su memoria a manera de conclusión: «La verdad de las cosas es que la elección ya la tenía ganada López Obrador. Muchos me recriminan, porque querían que evitara a toda costa que ganara, pero ¿qué querían que hiciera?».

11

EL EXILIO Y... ¿EL REGRESO A MÉXICO?

«Insisto, hay temas que se hubieran atendido de mejor manera o de manera distinta, sí», reconoció el expresidente de México desde Punta Cana.

En todo momento, Enrique Peña Nieto reivindica su labor por la elaboración e implementación de las reformas constitucionales, por las que su gobierno fue ampliamente reconocido entre 2012 y 2018. Fueron su mayor reto y su mejor éxito; el legado de su desempeño como máxima autoridad del país.

A cinco años de la conclusión de su mandato, y con el fondo musical del merengue y el pambiche que se escuchan en el restaurante dominicano, el también exgobernador confesó que la razón de su partida no se debió al «exilio político», al que más de un expresidente ha recurrido, sobre todo cuando un partido de oposición logra hacerse de la silla presidencial, como ocurrió cuando Andrés Manuel López Obrador ganó las elecciones con Morena. La realidad de su partida, asegura, fue por una simple «formalidad para lograr una transición positiva en la entrega del mando presidencial».

Peña estaba convencido de que poner kilómetros de por medio con el nuevo presidente era necesario para respetar su victoria y gestión. Explicó que, como mandatario federal, era su responsabilidad asegurar que hubiera un proceso democrático, justo, ordenado, en armonía y donde se respetara la voluntad de la mayoría ciudadana, de modo que eso fue lo que al final ocurrió. El siguiente paso era respetar esa victoria y dejar de ser un personaje político, por lo que, consideró, lo más sano era salir del país para mantener la relación cordial que siempre tuvo con Andrés Manuel, «aunque, en realidad, casi no hubo relación».

Luego me contó, con los mismos cálculos que le conocimos en su periodo como presidente:

> Esto es muy público. Yo al presidente [López Obrador] lo conocí personalmente después de que ganó la elección y

estuvimos cuatro veces juntos: tres en Palacio Nacional, y una con él y su esposa en su casa, algunas semanas antes, si no mal recuerdo, de que tomara posesión como presidente de México.

La gran equivocación de cálculos que se hizo viral en redes sociales ocurrió en septiembre de 2017, cuando antes de aterrizar en Oaxaca para una visita de evaluación de los daños por los sismos de ese año comentó: «Estamos a un minuto de aterrizar; no, menos, como a cinco». Sabemos, por sus propios comentarios, que la reunión en la casa de AMLO duró mucho más tiempo.

Para Andrés Manuel López Obrador, Peña Nieto no tiene más que elogios. De acuerdo con su opinión, la razón principal por la que el PRI perdió la elección de 2018 fue que el fundador del Partido de la Revolución Democrática estuvo «picando piedra» durante varios años. Le reconoce que por mucho tiempo estuvo trabajando; que tiene gran mérito lo que realizó el ahora presidente desde 2000: él buscó y fue candidato en dos ocasiones previas, y es evidente que eso le dio una gran ventaja y mayor conocimiento de la gente sobre su persona. «Eso le dio paso a que hubiese sido electo con la mayor cantidad de votos en la historia», indicó.

♦♦♦

Desde diciembre de 2018, a pocos días de que el presidente Andrés Manuel López Obrador asumiera la titularidad del Poder Ejecutivo, Enrique Peña Nieto salió del país para dividir su residencia entre las ciudades de Madrid, España, y Punta Cana, en República Dominicana. «Me he dado cuenta de que, para hacer una vida distinta, más normal, solo la puedes hacer fuera del país».

Peña Nieto sabe que su vida en México no podría ser normal, porque es una persona conocida que no puede pasar de manera anónima; en cambio, en cualquier otro lugar, como en Punta Cana, puede entrar de forma modesta a un restaurante; lo puede hacer de un modo mucho más natural, me explicó disfrutando de esa tranquilidad que él mismo describe.

En Madrid llegó a coincidir con otros políticos y expresidentes que decidieron convertir a ese lugar en su refugio, como Carlos Salinas de Gortari o Felipe Calderón. «El tema del idioma ayuda mucho», dice. Estar en España es la manera más lejana de estar cerca de casa. Desde ese lugar, por ejemplo, Calderón se trasladaba a países como Reino Unido o los Emiratos Árabes Unidos, para cumplir sus actividades como directivo de la Federación Internacional del Automovilismo.

En el caso de Salinas de Gortari, se trata de un personaje que fue muchas veces captado por las cámaras de la prensa en múltiples países, pero Madrid es el sitio donde, en efecto, se le vio en los tiempos del gobierno de Andrés

Manuel López Obrador, justo cuando su descendencia, Emiliano, Cecilia y Juan Cristóbal Salinas Occelli, tuvieron también que hacer maletas para colocarse en una posición geográfica lejana a los ánimos «antineoliberalistas» del primer presidente de izquierda del país. Todos ellos fueron vistos en reuniones frecuentes en los restaurantes de España.

La fotografía que jamás se exhibió, por el potencial político que esta hubiera tenido, es la de Salinas cruzándose en algún pasillo madrileño con Enrique Peña, y no es que esta escena no se haya consumado, sino que los dos fueron muy cuidadosos de que aquel momento casual no trascendiera. Peña tiene muy claro que cada uno de sus pasos estaba bajo seguimiento; lo constató en el año 2019, cuando fue captado en Nueva York en compañía de la modelo Tania Ruiz, en un restaurante al que acudieron ambos disfrazados con pelucas.

Existieron versiones de medios españoles y mexicanos que revelaban una reunión entre Peña Nieto, el expresidente Vicente Fox y Carlos Salinas, además de la sobrina de este último, Claudia Ruiz Massieu.[29] En esta supuestamente se discutieron las alianzas políticas de los partidos opositores a Morena de cara a los procesos electorales comprendidos entre 2021 y 2024. Al igual que sus presuntos acompañantes en la reunión, Peña Nieto niega este suceso; de hecho, reiteró que su relación con Salinas de Gortari nunca fue tan cercana, solo fue algo «institucional».

♦♦♦

En confidencia y años después de haber interactuado en la posición de presidente con sus predecesores, Enrique Peña Nieto me compartió más información sobre las experiencias personales que mantuvo con cinco expresidentes, empezando por Luis Echeverría Álvarez, fallecido el 8 de julio de 2022, a quien le llamaba periódicamente para extenderle sus saludos y felicitarlo por su cumpleaños.

Peña Nieto recuerda que a Salinas de Gortari lo invitaba a cenar en vísperas de Navidad, por lo regular en España. A Zedillo nunca pudo darle el mismo trato, porque nunca estaba en el país y se mantenía prácticamente ilocalizable; me compartió que solo en una ocasión coincidió con él en Colombia y no hubo más encuentros. Sin embargo, como presidente les hablaba a todos en sus respectivos cumpleaños. «Siempre les llamé, siempre los felicité», me dijo.

Se recuerda, sin embargo, que Zedillo, el «ilocalizable» que seguía viviendo hasta esa fecha en New Haven, Connecticut, en Estados Unidos, apoyó a Peña Nieto durante su campaña presidencial. De forma intencional o no, apareció en una imagen en 2012 junto a Luis Videgaray. Ambos coincidieron en el Foro Económico Mundial celebrado en Davos, Suiza.

Fue Videgaray (siempre Videgaray) quien confirmó el encuentro celebrado en el Centro de Congresos de Davos, donde ambos personajes de la política se tomaron 15 minutos para conversar sobre la candidatura en México de Enrique Peña Nieto. La foto[30] que resultó de dicha reunión se interpretó, en el otro extremo del océano Atlántico, como un acto explícito de apoyo a su compañero de partido, justo como lo quería el equipo que llegaría a tomar las riendas de la Presidencia.

La relación de Peña Nieto con Calderón debe colocarse en un apartado muy diferente al del vínculo que mantuvo con todos sus otros predecesores, pues de manera muy conveniente por el escenario de linchamiento que prevalecía en México contra el expresidente panista al momento de la plática, me aseguró que nunca hubo una buena relación entre los dos; mucho menos con el exsecretario de seguridad calderonista Genaro García Luna, hoy preso en Estados Unidos.

«Estoy impactado por lo que salió a la luz pública del juicio», me expresó con aire de sorpresa en el restaurante de Punta Cana. Me dijo además que a él no le generaron preocupación alguna los datos que se presentaron en el juicio. «Yo no soy calderonista; cero me llevo con él; no me llevo mal, pero tampoco me llevo bien», me insistió y agregó que, en general, Felipe Calderón es mucho más hosco que todos los otros exmandatarios con los que convivió y que si bien él prefería no convivir con alguno de ellos, con el panista es con quien menos hubiera querido hacerlo.

A quien el mexiquense Peña Nieto sí dijo tener en alta estima, y a quien seguía considerando realmente su amigo, es al también exgobernador de su tierra Eruviel Ávila Villegas.

La relación entre los dos políticos, según se pudo percibir en la conversación de Enrique Peña, era mucho más cercana que la que mantenía el expresidente con su primo y también exgobernador del Estado de México Alfredo del Mazo Maza.

♦♦♦

La distancia que Enrique Peña Nieto puso con el país que gobernó no fue suficiente para alejarlo de los reflectores o del escrutinio público.

Además de su vida amorosa en España con Tania Ruiz, se convirtió en noticia en México la categoría de residente distinguido que el gobierno del presidente de España, Pedro Sánchez, le dio al mexiquense en el año 2020: Peña Nieto se hizo poseedor de una visa dorada. Técnicamente expresado, Peña obtuvo un visado de inversor, que es un tipo de permiso particular de residencia, creado para todos los ciudadanos extranjeros a la Unión Europea que deseen realizar una inversión significativa en España.

La llamada visa dorada es otorgada a inversores que adquieren inmuebles en el territorio europeo por una cantidad de al menos 500 000 euros, unos 10 500 000 pesos mexicanos. Les abre prácticamente un abanico de posibilidades para vivir, durante cierto tiempo, como ciudadano español. El trámite era ya muy popular para los acaudalados mexicanos, rusos y chinos radicados en España desde

2013, época en que se oficializaron estas facilidades por el gobierno de Mariano Rajoy.

Peña Nieto podría obtener este visado sin problema y elegir como hogar el país de su preferencia. Ante su conocida renuencia a comunicarse en un idioma diferente del suyo, se dirigió a España, el lugar que sigue considerando la madre patria. «Es un país con una muy buena relación y con una amplia población migrante mexicana», me relató.

Por su tono de voz y comentarios, era fácil percatarse de que el expresidente extraña la vida en su país. Se exilió voluntariamente en España porque es una nación con una gran afinidad cultural, política y religiosa con México. «Eso te hace sentir, si no en tu país, en un lugar que tiene condiciones muy similares al tuyo», me dijo. Sobre todo extrañaba a su familia. Aseguró que mantenía siempre una relación cercana con sus hijos y que, en su exilio voluntario, busca espacios para reunirse con ellos.

Por las reglamentaciones de su visado, el expresidente solo puede permanecer en España durante tres meses por cada 180 días (seis meses). Los periodos en los que debe ausentarse de Madrid los pasa precisamente en República Dominicana; en Punta Cana, el lugar que conoció por recomendación de su amigo y abogado Juan Collado.

«Nunca había venido a este país; vine por primera vez en Semana Santa de 2019», precisó y luego reveló que su abogado lo convenció de visitar el lugar por los numerosos espacios para jugar golf: «Vamos, te van a encantar los campos de golf», le dijo en su momento. Luego, Peña abundó en que había pasado toda esa semana de vacaciones en compañía de Tania Ruiz y de Collado, tan solo unos meses antes de que este fuera a parar a prisión, el 9 de julio de ese mismo año.

El mensaje transmitido sobre la persona de Juan Collado, seguramente por el entonces entrante gobierno de Andrés Manuel López Obrador, tuvo el efecto esperado en Enrique Peña Nieto: tras la aprehensión de su amigo y abogado tomó la decisión de no volver a México, por lo menos dentro de los subsecuentes seis años. Sabía en ese momento que había cometido un error al asistir, el 18 de mayo de 2019 en tierras mexicanas, a la boda de la hija de Collado, aunque lamentó la presunta persecución sobre los personajes que asistieron a esa celebración.

Peña Nieto sí regresó a Punta Cana, el lugar turístico que le recomendó su amigo encarcelado, ese mismo 2019. En diciembre le sugirió a sus hijos reunirse por allá para pasar los festejos de Navidad y Año Nuevo. «Renté una casita que está más pinche de lo que me pareció; más vieja que nada». Ahí pasaron las fiestas y en los primeros días de 2020 regresó a Madrid; tenía que someterse a una cirugía el 5 de enero.

Los momentos de mayor soledad para el expresidente llegaron junto con la pandemia de COVID-19, con el espacio aéreo cerrado en España perdió todo contacto presencial con su familia. Fue hasta diciembre de ese año cuando regresó a Punta Cana para pasar con sus hijos una segunda Navidad y Año Nuevo en República Dominicana. Después se quedó en esas latitudes cinco meses más; en España había tormentas de nieve en las primeras semanas de 2021, mientras Peña Nieto disfrutaba de las playas dominicanas en total soledad.

«En esos cinco meses como que me asenté en el lugar y me gustó mucho». Punta Cana se convirtió prácticamente en su segunda casa.

En mayo de 2021 regresó por fin a España y volvió a tener contacto con sus hijos, con los que pasó las navidades de ese mismo año y la de 2022, pero regresó a República Dominicana por lo menos tres veces más: en febrero, mayo y noviembre de 2022, sobre todo por la reglamentación de la visa dorada.

Cuando tuvo que demostrar que salía de tierras españolas para cumplir con los plazos establecidos por su visado, pasaba unas temporadas en Alemania o en Portugal, países a los que debía desplazarse en avión para mostrar como evidencia un boleto de salida.

♦♦♦

«La decisión de España de conceder permisos de residencia a los expresidentes mexicanos Felipe Calderón, Enrique Peña Nieto y la nacionalidad a Carlos Salinas de Gortari fue administrativa y no política ni discrecional», declaró a finales de 2022 el ministro de Relaciones Exteriores español, José Manuel Albares, durante una visita oficial a México.

El diplomático aseguró que

> han hecho una solicitud de residencia como hacen miles de personas todos los años. Las autoridades ni prejuzgan ni dejan de prejuzgar una situación. Es imposible pausar las relaciones de España y México porque es imposible pausar las relaciones entre dos hermanos.[31]

En específico, Peña Nieto obtuvo su visa dorada por la adquisición en 2020 de un chalet en el acaudalado barrio madrileño de Chamberí. Fue el diario español *El País* el que reveló la compra del inmueble de 105 m^2, cuyo valor superaba los 570 000 euros y fue liquidado de contado. Este fue puesto en venta en julio de 2022, unas horas después de que apareciera en la conferencia de prensa de Andrés Manuel López Obrador el titular de la Unidad de Inteligencia Financiera, Pablo Gómez, para anunciar que había entregado información sobre posibles operaciones con recursos de procedencia ilícita del exmandatario mexiquense.

La mañana del jueves 7 de julio de 2022 Pablo Gómez apareció en la tribuna de Palacio Nacional para informar que su oficina de la Secretaría de Hacienda había detectado un esquema de triangulación financiera relacionado con Enrique Peña Nieto por 26 millones de pesos vía transferencias internacionales, quien además tenía relación o «vínculos cooperativos» con familiares cercanos y con dos empresas con presuntas irregularidades fiscales, una de ellas denominada Plasti-Estéril S. A. de C. V., constituida por el exmandatario y su hermano Arturo Peña Nieto.

Al abordar este tema en el restaurante de Punta Cana Peña Nieto lanzó un profundo suspiro y negando con la cabeza expresó: «Mi querido Pablo Gómez». Apuntó que una parte de la investigación es cierta, sobre todo el tema de las empresas; las transferencias las hizo para que las vieran, nunca para que estuvieran bajo el agua. «Yo sabía que lo estaban viendo. Es lo que tengo, con lo que compré una propiedad en España y es supertransparente», aseguró.

Peña Nieto me confesó que aquella era la cuenta bancaria de su mamá, que ahí encontraron dinero. «Mi mamá tiene unos locales comerciales en Atlacomulco que, la verdad, un poco de eso vivimos; a mí me da una parte y una parte a mis hermanos». Me dijo que ese en realidad es un ingreso que él calificó como *kosher*. «Por eso hablaban de los ingresos, que son declarados en Atlacomulco. No todo, pero lo que paga en *cash* se ingresa y se paga el impuesto», insistió, poniendo énfasis en que las declaraciones de su madre, María del Perpetuo Socorro Ofelia Nieto, están al corriente.

Respecto al involucramiento de su hermano, Arturo Peña Nieto, el expresidente argumentó que él es el representante legal de lo que doña Socorro cobra de renta de sus locales. «Están chiquitos, están en la plaza de Atlacomulco, cerca del mercado; de ahí vienen los recursos», me reiteró para luego detallar que lo que Pablo Gómez había ventilado eran las rentas de diez años de esos locales por los que obtienen entre 200 000 y 300 000 pesos al mes.

El tema de la empresa, Plasti-Estéril S. A. de C. V., fue el más ruidoso, pero explicó que la compañía de esterilización, constituida en 1991, fue una idea de negocios de su padre, Gilberto Enrique Peña del Mazo. Este último la vendió en Japón un año después, en 1992, y desde entonces la familia de Peña Nieto dejó de tener participación en la firma. En 1999 Plasti-Estéril pasó a ser propiedad de Baxter International Inc.

Para Enrique Peña Nieto la investigación de la UIF no tiene sustento. «Sé que la Fiscalía la tiene y le he dado seguimiento con mis abogados; la tienen congelada, no la han cerrado». El exmandatario mexicano consideró que, aunque seguramente no encontrarían más irregularidades en la Unidad de Inteligencia Financiera, es poco probable que cierren la investigación que se realiza sobre él.

«Yo voy a presionar un poco para que la cierren, pero cuando haya pasado la elección presidencial; antes no creo que la vayan a cerrar. Han de tenerlo por si se ofrece». Peña Nieto confiesa que se ocupó de cuadrar toda su información y sus cuentas, por lo que tiene todas las pruebas de que sus finanzas son regulares y transparentes.

♦♦♦

Enrique Peña Nieto me confesó que, genuinamente, pensaba radicar en México.

> Mi plan era estar ahí, pero solamente quienes hemos estado en esta tarea y en esta responsabilidad, y quienes estuvieron previo a un servidor, se dieron cuenta que tienes que dar espacio de respeto a quien está en la titularidad del Ejecutivo; una manera de hacerlo es sustrayéndote.

Andrés Manuel López Obrador sabía sobre los deseos de Peña, mucho antes de que este hiciera pública su relación con la modelo potosina Tania Ruiz, logrando que los reflectores estuvieran enfocados en su vida privada. «Se lo compartí entonces al presidente electo, que ese era mi deseo, y él obviamente no tuvo ninguna oposición al tema», contó.

Pero la boda de la familia Collado, la relación de farándula con una modelo y un ambiente político de «liberales» contra «conservadores» complicaron el escenario y le hicieron entender que lo mejor era alejarse del país; mantener la «sana distancia». Esto con el fin de darle el mayor espacio de respeto al presidente en turno.

> Yo estoy convencido de que uno, cuando está en esta tarea, busca y trabaja para hacer una buena gestión de gobierno, ser un buen presidente de México, pero también está la respon-

> sabilidad implícita de convertirse en un buen expresidente y eso es lo que busco.

En nuestra última plática me afirmó mantenerse con la convicción de haber hecho el mayor esfuerzo para impulsar el desarrollo en un país como México. Su regreso es un enigma todavía, pero dio algunas pistas:

> Por ahora me mantendré a distancia y ya veremos en el futuro. Lo que sí tengo muy claro es que he concluido mi etapa en la política. Me siento un privilegiado de vida al haber tenido dos grandes responsabilidades políticas, al ser gobernador de mi estado natal y presidente de México.
>
> Tengo interés de regresar, pero no tengo decidido si de forma permanente. Yo quiero mantenerme en esta sana distancia en este espacio del actual gobierno, pero pienso regresar.

POSDATA 1
LA ÚLTIMA CONVERSACIÓN CON AMLO

La última llamada entre Enrique Peña Nieto y Andrés Manuel López Obrador fue el viernes 15 de septiembre de 2023. Irónicamente, el presidente se encontraba inaugurando el primer tramo del Tren Interurbano México-Toluca, bautizado por su gobierno como El Insurgente. Este fue el proyecto de transporte insignia de Peña Nieto, el cual no logró concluirse durante su administración y, a diferencia de otros que fueron cancelados —como el Aeropuerto de Texcoco—, este fue «rescatado» por el gobierno de López Obrador.

La llamada se dio a través de dos contactos: uno cercano al expresidente priista y el otro con Daniel Asaf Manjarrez, el encargado de coordinar la Ayudantía de López Obrador.

Peña Nieto llamó por WhatsApp a Asaf y este, a su vez, se lo comunicó a López Obrador. La conversación fue breve, de apenas uno o dos minutos. Peña Nieto le agradeció las palabras que le confirió un día antes, cuando lo llamó «demócrata» por no haber intervenido en las elecciones de 2018 en las que resultó ganador. «Le aprecio mucho el gesto de ayer, señor presidente», le dijo Peña.

Un día atrás, el jueves 14 de septiembre, durante un acto político en el que el gobierno del priista Alfredo del Mazo le entregó el poder a la morenista Delfina Gómez en el Congreso mexiquense, López Obrador «agradeció» en su discurso al gobernador saliente y al expresidente de México por no «haberse metido» en las elecciones que le dieron el triunfo a su movimiento:

> Soy presidente porque lo decidió el pueblo de México de manera libre, pero también tengo que reconocer que el presidente Peña, a diferencia de los otros dos presidentes [Vicente Fox y Felipe Calderón], lo digo con todo respeto, no se metió, es decir, no aceptó hacer trampas y respetó la voluntad del pueblo de México. Eso no lo voy a olvidar.

Y así fue: López Obrador no olvidó ese gesto durante todo su sexenio, pues a pesar de las investigaciones y el escrutinio público, hasta la entrega de este libro para su publicación no se intentó proceder legalmente contra el expresidente Peña Nieto.

La respuesta de López Obrador a la llamada de Peña Nieto fue reiterar lo dicho en su discurso en Toluca: «Gracias, Enrique, te comportaste como un demócrata, eso no lo voy a olvidar. Que estés bien», fueron las palabras con las que concluyó esa comunicación, según una fuente que la presenció, luego de casi seis años de no haber tenido contacto directo.

POSDATA 2

EL ENCUENTRO CON EMILIO LOZOYA

Enrique Peña Nieto hizo una última revelación para esta publicación, previo a su impresión. Se trata de un encuentro que tuvo con el exdirector de Pemex, Emilio Lozoya Austin, un mes antes de terminar su sexenio, hacia finales de octubre de 2018, cuando las investigaciones por escándalos como el de Odebrecht, la compra de las plantas de Agronitrogenados y Fertinal, y la gestión del joven ejecutivo al frente de la empresa petrolera eran motivo de escándalo nacional e internacional.

Según recuerda Peña Nieto, la reunión fue solicitada por Lozoya Austin a través de interlocutores, pero al enterarse su entonces consejero jurídico, Humberto Castillejos, y el canciller Luis Videgaray, le sugirieron no recibirlo.

Peña Nieto al final lo recibió en Los Pinos. La visita de Emilio Lozoya tenía un único objetivo: que la Fiscalía General de la República diera por terminados todos los expedientes en su contra. «Vengo a pedirte que cierren todos los expedientes», soltó a bocajarro el exdirector de Pemex al todavía presidente de México.

La respuesta inmediata de Peña Nieto, de acuerdo con sus dichos, fue decirle que eso era imposible, que él no tenía injerencia en los asuntos de la Procuraduría, a lo que Lozoya le replicó: «Por favor, utiliza tus facultades como presidente de la República para pedir que cierren todas las investigaciones contra mí».

Peña Nieto no cedió y Lozoya Austin huyó de México. En febrero de 2020 fue arrestado en España y extraditado a México meses después, el 16 de julio. Días más tarde declararía ante la Fiscalía General de la República en contra de altos funcionarios, entre ellos Enrique Peña Nieto.

Hasta el cierre de este libro Lozoya se mantenía en el Reclusorio Norte de la Ciudad de México sin haber sido sentenciado ni absuelto por los cargos de que se le acusa.

7 de noviembre de 2023

NOTAS

[1] Alarcón Zamacona, Lucía. «Angélica Rivera y Enrique Peña Nieto. Por primera vez, la actriz y el gobernador del Estado de México posan juntos y nos revelan en exclusiva detalles de su próxima boda», *Caras México*, 2010.

[2] Jiménez, Horacio. «Luis Miranda, admirador de Peña nieto y aficionado al golf», *El Universal*, 16 de abril de 2020. Consultado en https://www.eluniversal.com.mx/nacion/quien-es-luis-miranda-perfil-del-admirador-de-pena-nieto-y-aficionado-al-golf/.

3 Eduardo Sánchez Hernández, vocero de la Presidencia de la República, domingo 21 de agosto de 2016.

4 Maritza Díaz Hernández, 3 de junio de 2013. Consultado en https://www.youtube.com/watch?v=vEZ7VMBYmR4.

5 Zamitiz, Héctor e Irma Peña León. «Una caracterización de la democracia mexicana y sus actores políticos: la elección para gobernador del Estado de México, 2005», *Revista Mexicana de Ciencias Políticas y Sociales*, vol. XLVIII, núm. 196, octubre de 2013.

6 Reforma Educativa, resumen ejecutivo, p. 3. Consultado en https://www.gob.mx/cms/uploads/attachment/file/2924/Resumen_Ejecutivo_de_la_Reforma_Educativa.pdf.

7 Mensaje del licenciado Enrique Peña Nieto, 17 de diciembre de 2011. Consultado en https://pri.org.mx/ElPartidoDeMexico/saladeprensa/Nota.aspx?y=4709.

8 Rock, Roberto. *La historia detrás del desastre: Crónica de una herencia envenenada*, México, Grijalbo, 2019, 221 pp.

9 Delgado, Álvaro. *El amasiato: El pacto secreto Peña-Calderón y otras traiciones panistas*, México, Ediciones Proceso, 2016, 173 pp.

10 Sabina Berman y Katia D'Artigues en el programa *Shalalá* en noviembre de 2008.

11 Cruz Jiménez, Francisco. *Los Golden Boys*, México, Planeta, 2012, 270 pp.

12 Riva Palacio, Raymundo. «La confirmación de Mea-

de», *El Financiero*, 28 de noviembre de 2017. Consultado en https://www.elfinanciero.com.mx/opinion/raymundo-riva-palacio/la-confirmacion-de-meade/.

13 David Hernández y Alfonso Basilio, en Radio Ibero 90.9, en la emisión del 11 de mayo de 2012.

14 Consultado en https://www.youtube.com/watch?v=igxPudJF6nU.

15 Andrés Manuel López Obrador, 12 de julio de 2012. Consultado en https://lopezobrador.org.mx/2012/07/12/presenta-amlo-recurso-de-invalidez-de-la-eleccion-presidencial-por-compra-y-manipulacion-de-millones-de-votos/.

16 Peña Nieto, Enrique. *México, la gran esperanza: un Estado eficaz para una democracia de resultados*, México, Grijalbo, 2011.

17 Padgett, Tim. «Mexico's Peña Nieto Talks To *TIME*: "We Can Move Beyond the Drug War"», *TIME*. Consultado en https://world.time.com/2012/11/30/mexicos-pena-nieto-talks-to-time-we-can-move-beyond-the-drug-war/.

18 Crowley, Michael. «Saving Mexico», *TIME*. Consultado en https://content.time.com/time/magazine/article/0,9171,2165465,00.html.

19 Maldonado, Mario. *Lozoya, el traidor*, México, Planeta, p. 40.

20 Denuncia de Emilio Lozoya ante la Fiscalía General de la República en agosto de 2019.

21 Segundo Informe de la Presidencia de la Comisión para la Verdad y Acceso a la Justicia del Caso Ayotzinapa. Consultado en http://www.comisionayotzinapa.segob gob.mx/work/models/Comision_para_la_Verdad/Documentos/pdf/2o_Informe.pdf.

22 Consultado en https://www.youtube.com/watch?v=tdJ06CLjjxE.

23 Montes, Juan. «Escándalo político en México salpica a Videgaray», *The Wall Street Journal*, 12 de diciembre de 2014. Consultado en https://www.wsj.com/articles/escandalo-politico-en-mexico-salpica-a-videgaray-1418360538.

24 Consultado en https://www.asf.gob.mx/Trans/Informes/IR2015i/Documentos/Auditorias/2015_0523_a.pdf.

25 García Soto, Salvador. «Peña y Anaya: el pacto de Los Pinos», *El Universal*, 30 de enero de 2017. Consultado en https://www.eluniversal.com.mx/entrada-de-opinion/columna/salvador-garcia-soto/nacion/2017/01/30/pena-y-anaya-el-pacto-de-los-pinos/.

26 Gutiérrez, Héctor y Susana Guzmán. «Anaya promete meter a la cárcel a Peña si se comprueba corrupción», *El Financiero*, 5 de marzo de 2018. Consultado en https://www.elfinanciero.com.mx/nacional/anaya-promete-meter-a-la-carcel-a-pena-si-se-comprueba-corrupcion/.

27 Conferencia de prensa matutina de AMLO el 7 de julio de 2022. Consultado en https://www.youtube.com/watch?v=PCq80M5No9A.

[28] Aguirre, Alejandro. «El último intento de AMLO por congraciarse con EPN», *El Universal*, julio de 2022. Consultado en https://www.eluniversal.com.mx/opinion/alejandro-aguirre-guerrero/el-ultimo-intento-de-amlo-por-congraciarse-con-epn/.

[29] Wainstein, Andrés. «Contacto en Madrid: tres expresidentes mexicanos en el centro de intrigas contra López Obrador», La Política Online, 7 de febrero de 2019. Consultado en https://www.lapoliticaonline.com/nota/117598-contacto-en-madrid-tres-ex-presidentes-mexicanos-en-el-centro-de-intrigas-contra-lopez-obrador/.

[30] Notimex. «Zedillo expresa apoyo a Peña Nieto», *El Economista*, 25 de enero de 2012. Consultado en https://www.eleconomista.com.mx/politica/Zedillo-expresa-apoyo-a-Pena-Nieto-20120125-0118.html.

[31] Manetto, Francesco. «El expresidente mexicano Enrique Peña Nieto se instala en España con un visado dorado», *El País,* 29 de mayo de 2022. Consultado en https://elpais.com/mexico/2022-05-29/el-expresidente-mexicano-enrique-pena-nieto-se-instala-en-espana-con-un-visado-dorado.html.